余英時文集——20

我的治學經驗

余英時——著

余英時文集編輯序言

聯經出版公司編輯部

余英時先生是當代最重要的中國史學者，也是對於華人世界思想與文化影響深遠的知識人。

余先生一生著作無數，研究範圍縱橫三千年中國思想與文化史，對中國史學研究有極為開創性的貢獻，作品每每別開生面，引發廣泛的迴響與討論。除了學術論著外，他更撰寫大量文章，針對當代政治、社會與文化議題發表意見。

一九七六年九月，聯經出版了余先生的《歷史與思想》，這是余先生在台灣出版的第一本著作，也開啟了余先生與聯經此後深厚的關係。往後四十多年間，從《歷史與思想》到他最後一本學術專書《論天人之際》，余先生在聯經一共出版了十二部作品。

余先生過世之後，聯經開始著手規劃「余英時文集」出版事宜，將余先生過去在台灣尚未集結出版的文章，編成十六種書目，再加上原本的十二部作品，總計共二十八種，總字數超過四百五十萬字。這個數字展現了余先生旺盛的創作力，從中也可看見余先生一生思想發展的軌跡，以及他開闊的視野、精深的學問，與多面向的關懷。

文集中的書目分為四大類。第一類是余先生的**學術論著**，除了過去在聯經出版的十二部作品外，此次新增兩冊《中國歷史研究的反思》古代史篇與現代史篇，收錄了余先生尚未集結出版之單篇論文，包括不同時期發表之中英文文章，以及應邀為辛亥革命、戊戌變法、五四運動等重要歷史議題撰寫的反思或訪談。《我的治學經驗》則是余先生畢生讀書、治學的經驗談。

其次，則是余先生的**社會關懷**，包括他多年來撰寫的時事評論（《時論集》），以及他擔任自由亞洲電台評論員期間，對於華人世界政治局勢所做的評析（《政論集》）。其中，他針對當代中國的政治及其領導人多有鍼砭，對於香港與台灣的情勢以及民主政治的未來，也提出其觀察與見解。

余先生除了是位知識淵博的學者，同時也是位溫暖而慷慨的友人和長者。文集中也反映余先生**生活交遊**的一面。如《書信選》與《詩存》呈現余先生與師長、友朋的魚雁往返、詩文唱和，從中既展現了他的人格本色，也可看出其思想脈絡。《序文集》是他應各方請託而完成的作品，《雜文集》則蒐羅不少余先生為同輩學人撰寫的追憶文章，也記錄他與文化和出版界的交往。

文集的另一重點，是收錄了余先生二十多歲，居住於**香港期間**的著作，包括六冊專書，以及發表於報章雜誌上的各類文章（《香港時代文集》）。這七冊文集的寫作年代集中於一九五〇年代前半，見證了一位自由主義者的青年時代，也是余先生一生澎湃思想的起點。

本次文集的編輯過程，獲得許多專家學者的協助，其中，中央研究院王汎森院士與中央警察大學李顯裕教授，分別提供手中蒐集的大量相關資料，為文集的成形奠定重要基礎。

最後，本次文集的出版，要特別感謝余夫人陳淑平女士的支持，她並慨然捐出余先生所有在聯經出版著作的版稅，委由聯經成立「余英時人文著作出版獎助基金」，用於獎助出版人文領域之學術論著，代表了余英時、陳淑平夫婦期勉下一代學人的美意，也期待能夠延續余先生對於人文學術研究的偉大貢獻。

目次

求知的故事

明朝初年，當時的大文學家和學者宋濂寫過一篇有名的文章，題目是〈送東陽馬生序〉。在這篇〈序〉中，宋濂詳細敘述他年幼家貧，讀書的過程極其艱苦。他家中買不起書，祇好向藏書家借書來抄。但借書的時間很短，抄書就得日夜趕工。在冬天的時候，因為火爐也沒有，手都凍僵了，也不敢稍停，唯恐誤了還書的期限，下次就借不到書了。宋濂到了二十歲左右，也就是今天大學生的時代，他的基本知識已具備了，但是遇到高深的問題，在他的鄉間卻找不到老師求教。有時他聽到百里以外有名師講授學問，他就急急忙忙地趕去「執經叩問」。然而這些名師都是忙人，身邊的門人弟子已經很多，他很難找到空檔去問上一句半句。名師的脾氣又大得很，弄得不好就挨一頓大罵。為了求知識，他祇有必恭必敬地聽訓，等名師的脾氣發夠了，臉色和緩了，再上前求教。他是旁聽生，不能常在名師左右，過了幾天就必須回家。有時遇到風雪交加，從百里外回到家中，四肢都凍得僵了。他要先在熱水中浸泡很久，再鑽進被窩裡去取暖，這樣才能慢慢回過氣來。其他的苦處還有很多，不必一一轉述了，有興趣的人不妨在宋濂的文集（《宋學士文集》）中找來看看。

我們知道，宋濂的早年是在元朝統治下度過的，蒙古的皇帝並不看重中國的儒生，科舉考試也偶一舉行，即使中了進士也沒有多大的政治前途可言。所以宋濂青少年時代如此刻苦求知，就更為可敬了，這是中國傳統士人讀書追求知識的精神。我們不要輕信現代人那些沒有歷史常識的話，以為祇有西方才有追求真理、追求知識的精神，中國傳統士人都是為功名利祿而讀書的。其實西方人也儘有不求知的，中國人也儘有求知的，照我這幾十年來的親身經歷，現代中國青年雖說受了西方文化的洗禮，為功利而讀書的人恐怕更多。而且家長也總是鼓勵子女去學理工、學醫、學商業管理、學法律，很少家長肯讓子女去自由發展自己真正的知識興趣。如果子女的興趣恰好是在理工、醫、商、法，那當然再好也沒有，職業和學術志趣兩面都兼顧到了。怕的是不少青年，本有其他更好的才能和興趣，卻因社會和家庭的巨大壓力，僅僅為了將來職業的緣故，都不幸而埋沒了。

說到這裡，我想起了一個真實的感人的故事。十幾年前，我還在耶魯大學教書的時候，有一位台大理科畢業的可敬可愛的青年，已在加州理工大學取得了生化博士的學位，並且在史丹佛大學從名師（諾貝爾獎得主）作博士後研究，而且卓有成績。他和我素不相識，但忽然來信說，他的真正興趣在研究中國歷史。他要求我幫他到耶魯來從頭學起，讀史學博士學位。後來我到舊金山、洛杉磯等地，他又和我當面懇談過幾次。我狠下心腸告訴他，我雖然十分為他的求知熱忱所感動，但是我不能不負責任地鼓動他中途改行。他已在另一條學術道路上走得太遠了，中年才改學歷史，事倍功半，前途難料。我祇好告訴他，如果他願意懂一點中國歷史，在研究本行之餘，可以自修。我願意做他的讀書顧問。但是現代學術分工太細，專精一行已必須全力以赴，事實上那有餘暇來兼治另一門知識呢？我和他早已失去聯絡了。但我時時還懷念著他，也為了不能幫他完成他的心願而耿耿於懷。我想他是受外在壓力而犧牲了自己真正學術興趣的一個實例。

最近我偶然讀了一本英文小說（*The World as I Found It*, by Bruce Duffy），是關於維根什坦、羅素、摩爾幾個哲學家的複雜故事。雖然是小說，這本書確是研究了他們的真實傳記後才寫出來的。生活細節和心理的描寫當然是虛構的，但大體脈絡並不違背史實，很有點像中國的歷史小說《三國演義》。維根什坦當然是本世紀西方哲學界的大天才，沒有人能夠真正去學他。但是他終於能完成自己的才能則主要得力於他在大學時代便立定了志向，追求內在的學術興趣，不為任何阻力所動搖。這一點正符合中國古人教子弟第一要「立志」。他的父親是維也納的鋼業大王，對幾個兒子都教育特嚴。維根什坦沒有正式上中學，是由家庭教師專門一對一地教出來的。他的父親自然希望幾個兒子都能成為有實際才能的社會領導人物，維根什坦也包括在內。但維根什坦在蘇格蘭的愛丁堡大學學了一年航空工程以後，決心要研究哲學——特別是數理邏輯。他早已讀了羅素的書，又特別去拜訪了德國的數理邏輯大師弗勒格，弗勒格也勸他去跟羅素學習，這樣他就不顧一切地轉學到英國的劍橋大學了。維根什坦可以說是代表西方一心追求真理的精神，他鑽研邏輯、語言哲學既不為名，也不求利，更不在乎別人的看法。他不求名，尤為難得，他的思想豐富而複雜。偶然留下一些思維的紀錄，在羅素、摩爾等第一流哲學家眼中已是發前人所未發，但他卻堅決拒絕刊布。摩爾以老師的地位曾為他整理了談話紀錄，他仍然不滿意，不讓紀錄稿流傳。所以，他生前僅僅在一九二一年發表了薄薄一冊的《邏輯哲學論》，然而卻是開創了二十世紀語言哲學的大文字。當時及後人一直都在捉摸他的真正意思，至今解說紛紜。羅素為他寫長序，著名的維也納學派奉他為開山之祖，他都不承認。因為他追求的不是世俗的聲名，而是「真理」。他不但不「求利」，而且在父親死後堅決放棄了他所繼承的巨大財富。他的姐姐不要他放棄，但他服膺托爾斯泰的想法，以財富為罪惡，寧可自殺也不要這筆遺產，所以最後祇有聽從他的抉擇了。

那本小書出版後，他認為哲學問題已解決了，便不再弄哲學，轉而到一個窮鄉僻壤去教小學，培育下一代。他仍然是追求真理、追求自己的理想的實現。等到他重返英國哲學界，那已是三十年代以後的事了。那是因為他在思想上又有了新的跳躍。另一方面，他對人生又是極認真、極嚴肅的。所以第一次世界大戰他回到奧國服兵役，以致成了戰俘；第二次大戰他在英國，也自己主動到傷兵醫院去服務。他並未忘記他的國民和公民的責任。他的志向正是在大學時代決定的。

讓我再說一個大學時代決定人生方向的動人例子。美國有一本著名的刊物——《美國學人》，它的編輯是伊普斯汀（Joseph Epstein）。他當然沒有維根什坦的天才，也不是驚天動地的大學者、大思想家。但是他從小便追尋自己的知識興趣，從不考慮將來怎麼吃飯的問題。他的父親是商人，但並不是富翁；父母也沒有特別鼓勵他追求學問，祇是能聽其自由發展而已。他在伊利諾州立大學讀完一年級，便轉學到芝加哥大學。芝大的三年，廣泛地讀文學、哲學、社會學等各方面的課程。他也沒有追求博士學位，是不是獲得過碩士學位，我也不清楚。但是他的一枝健筆卻為許多第一流學人和一般讀者所喜愛，真能達到雅俗共賞的地步。他寫了十本左右散文、一本小說，還有其他編著。他一方面對文史哲都有深厚的修養，另一方面對美國社會（中產階級社會）和人性也有深刻的認識。他的散文尤為一絕，時時出之以幽默，謔而不虐，趣味雋永。我總覺得他和中國的梁實秋最相像，有時也有點周作人的味道，但絕無魯迅的尖辣刻毒。伊普斯汀不能算是什麼文壇巨匠，但他能在大學時代便找到自己的人生道路。從他的散文中（因多帶自傳性）我們可以看到，他的生命雖有坎坷，但卻是十分充實的、滿足的。最難得的是他的特立獨行，不為任何流行的潮流捲去。他並不刻意地反潮流——有心立異為高便俗不可言了，但是他一言一語都由肺腑中流出，都經過了自己的獨立思考、獨立的判斷。此其所以可貴。

以上三則都是十幾歲到二十歲左右的青年對知識充滿著好奇、嚮往，而終身追求不已的真實故事。這一段時期——相當於大學生時期——是一個青年人怎樣決定他一生路向的關鍵時刻。這一時刻瞬息即逝，追悔是永遠來不及的。我舉的雖都是求知識的例子，但我並不認為每一個大學生都必須成為學者、哲學家或作家。但無論你的人生目標是什麼，你最好都要在這幾年之內打定以後的基礎。

宋濂〈送東陽馬生序〉的結尾是鼓勵一位青年人叫馬君則的，他敘述自己早年求學的艱難，正是為了襯托出馬君則的幸運。因為馬生是太學生，而太學中有的是書籍，有的是名師。學校與父母提供生活費，因此「無凍餒之患」；坐大廈之下而誦詩書，因此也「無奔走之勞」。具備了這樣優厚的條件而不能有所成就，那便說不過去了。這是宋濂對馬生的一番勉勵的苦心。

今天台灣的大學生當然比馬生也不知道要更優厚到多少倍了，以我看到的情況而言，是很使我又羨又妒的。我從六、七歲便遇到抗日戰爭，逃難到鄉下九年，沒有現代的小學和中學可上。抗戰勝利後回到大城市，我已是十六、七歲了，但英文、數理都等於一竅不通。勉強補習考入大學，又碰到內戰。我的大學生活實在不堪回想。我一共上過四個大學，前面三個都只讀了一學期便逃難，最後在香港讀了兩年半，但那是一所流亡學校，根本沒有圖書館。名師倒是有的，只是為了生活，為了維持學校的存在，往往不能安心授課。我自然比宋濂已幸運得多，但比東陽馬生已有不如，更不必說今天台灣的大學生了。

〈聯副〉推出「重返知識殿堂」系列要我參加一份。但我深信「人之患在好為人師」，平生也從不存「青年導師」之想，即使是隨我讀過書的學生，我也是以朋友相待。中國傳統中師友是一而二，二而一的，所以五倫中只有朋友，沒有師生。我不敢對青年讀者擺出一副「指導」的姿態，所以想來想去，只好說幾個真實的故事，給這一專輯的青年讀者作參考。

（原載《聯合報》，一九九五年七月二十五日）

讀書如對話

讀書心得，人人不同，又因治學領域之異而異。下面只說一點我的體會。讀一部書是在同另一個人對話。你先要聽清楚對方說什麼，他的根據是什麼。

這時你最好進入「忘我」的境界，不要急於發表自己的意見，打斷或干擾對方的思路。用荀子的話說，是「以學心聽」。讀到了一個段落，或全讀完了，你必須進一步與作者進行討論甚至爭辯。作者的話，哪些你同意，為什麼同意？哪些你不同意，又為什麼不同意？這時最忌自以為是而把不同意的看作對方的「錯誤」。作者不在現場，不能自己說話，所以此時你必須做他的辯護律師。你如果真懂得了這部書，你是一定能夠代作者答覆問題的。此之謂「他人有心，予忖度之。」這樣往返多次，作者的心和你的心便溝通了，這才是「心得」。但溝通並不等於同意，而毋寧是同意彼此有不同意之處（agree to disagree）。根據我的經驗，讀書愈是遇到不同意或不了解的地方，往往便是愈能有「心得」的地方。

（原載《明報月刊》第三十四卷第七期，一九九九年七月）

涵養新知　商量舊學

《明報月刊》是許多海外文化人士經過數年探討、籌商的結果，其中余英時先生的意見發生了極重大的作用。我們這裡摘錄發表余先生的若干函件，希望海外的熱心朋友們大家為發展文化，各盡一份力量。

舊學商量加邃密，新知涵養轉深沉。

——朱熹

一、新知與舊學（一九六三年一月十四日）[1]

我們今後最能做與應做的仍是如何在文化上建立堅實的基礎。這種文化工作在目前由於種種條件的限制還只能是一個「卑微的開始」。我不希望我們搞什麼「運動」，最近數十年來，我們有各式各樣的「運動」，而無一有真實的成就。而且一旦捲入「運動」之後就免不了情感激動，免不了利害衝突，更免不了有人藉此出風頭、喊口號，這些都不是我們所需要的。我以為今日若想在文化方面[2]有些貢獻，有兩個主要方面不能不注意：一是介紹和吸收西方的新東西，一是整理和融會中國的舊東西，朱熹所謂「舊學商量加邃密、新知涵養轉深沉」，大概可以作為我們工作的綱領。這本是老話，非弟之創說，然而仍須重新提出者，是我們過去只說而未做，今後的問題則是如何去實踐。

介紹西方新東西

先讓我把話說得更具體一些：何以要介紹西方新東西？又如何介紹法？照說今日台港各種刊物上面已有不少翻譯和介紹西學的作品，似乎可以填補這個空缺了，但細按之則殊不然。一般通俗刊物上的作品至少犯了兩個重大的錯誤。第一是雜亂無章。作者或譯者大概是信手拈一題[3]，並無一定之計畫，使讀者不能得

1 編按：此函曾以〈釋「海外中華」〉為題，發表於香港《祖國周刊》四十二卷四期，民國五十二年四月二十二日，頁四—六、十八。文字與此篇略有出入，隨文註明。補列許冠三的說明與余先生信函開頭。

「本文原係余英時兄給我們少數朋友寫的一通私函。可是，這番話並不僅僅是為少數人而發。誠如英時兄所言，『這些話毋寧是對海外一切有志於文化學術工作的朋友們說的。』因此，我徵得英時兄同意，並承《祖國》編者惠予篇幅，在此發表。許冠三誌，一九六三、四、十八。

冠三兄：

弟自一九六二春獲哈佛學位後，旋即留在該校執教一學期，同年秋接受密西根大學之聘，來此間歷史系承乏。這兩年來情況大致如此。兄等通訊討論中最使弟興奮者即『海外中華』之說。弟持此說亦已多年，偶有志同道合之友，弟便喜為之談『建立海外文化王國』之論。所謂『文化王國』其義至顯：弟經多年觀察與體驗，不相信我們在最近將來可以在政治、經濟方面有何發展之可能。」

2 〈釋「海外中華」〉作「我以為今日若想在文化方面對中國有些貢獻」，頁四。

3 〈釋「海外中華」〉作「作者或譯者大抵是順手拈題」，頁四。

到有系統的知識，對於五花八門的所謂「西學」根本不能抓住要領，大有無所適從之感。第二是門戶之見。作者或譯者對自己所介紹的學理或學人常常推崇適份，失去其在西方學術系統中原有的面貌（例如中國人心中之杜威、羅素等絕非西方人心中之杜威、羅素）。也許是中國人的感情太深摯，否則何以必須把自己所要介紹的學理與學人說成天下第一？就此點說，「五四」以後的人似乎尚不及嚴幾道來得客觀。

弟以為今後的介紹工作最好能仿六朝中外佛徒譯介佛經之精神。湯錫予先生嘗說：今日粗識西文而未悉西人哲理者即可譯哲人名著，然古昔中國譯經之巨子必須即先為佛學大師，如鳩摩羅什之於「般若」、「三論」，真諦之於「唯識」是也。我們當然不能苛求今日之譯者或介紹者都必須先成「大師」，但至少他們對所要介紹的學問須有一基本的全盤認識。復次，無論介紹或翻譯均當結合中國之現實，使讀者易曉其義。陳寅恪謂羅什譯經之特色尤在其或刪去原文之繁重、或不拘原文體製、或變易原文三點，故什公所譯諸經皆能廣泛流行於中土，這些先進的經驗最足為我們所取法。能如此，則我只須用很短的篇幅就可以把一家學說介紹得清清楚楚。更重要的，當然是在介紹之前能把該學理或學者在西方學統中原有的客觀地位交代明白，不要給讀者任何不正確的印象。

我常覺得中國學術文化界今日最貧乏的一環便是社會科學，大陸固無論矣，台港兩地對這一方面也是涉測不深，因此中國知識分子每[4]缺乏分析問題的能力。而偶有一二人稍涉於此，則又氣焰囂張，摭拾若干名詞為罵人之工具，此尤大不可也。今後我們必須以極平實穩健的態度從事有系統的西學介紹工作，積久自能提高一般社會上的常識，並逐漸培養知識分子（尤其是大學生）的理論水平。唯如此我們才可望使智性之光輝在中國人之心靈中展露，智性之正當發展才真是科學的源頭活水，否則我們縱使再大聲疾呼地提倡科學五十年也還是無用。

商量舊學　三個階段

其次再說到商量舊學的問題。近代「整理國故」的運動自然不能說沒有相當成績。這種工作是十分艱澀而具體的，極少偷巧的可能。因此就學術論學術是無可非議的，此所以中國大陸方面也仍然不能不對這種考據工作加以相當的重視。

4 〈釋「海外中華」〉作「因此中國知識分子多缺乏分析問題的能力」，頁四。

依弟之愚見，自清乾嘉以迄今日大陸，中國考據之學雖屢遭打擊，但始終屹立不衰。何以故？近代考據學之發展，可分為三個階段，說來令人慨然。[5]

第一個階段是乾嘉時代。那時的學者，由於外族統治下不敢亂說話，遂相率逃於故紙堆中[6]，為瑣碎之考訂，小處雖有貢獻，然循流忘源，訓詁明而義理未明，得小而遺大。當時雖有一二有識之士，起而抗議，倡經世之學，終不能有何影響。道咸以降，內憂外患交乘，外表上考據之流未絕，而識者已別有營構。晚清所謂經世之學已漸見端倪。此所以魏默深（賀長齡）有《經世文編》之輯也。由經世而轉為論政，轉為尚微言大義，於是公羊學派踵起，戊戌政變即此一派思潮之結穴處。尤可注意者《經世文編》成書在一八二七年，尚遠在鴉片戰爭之前，此可證中國學術思想界本身已起變化，不純因外患所激。易言之，思想變化之原因在於考據學與中國社會本身脫節太甚，不能滿足時代之要求。此點但須一看經世學之內容，即可瞭然，其中如鹽政、漕運、水利諸端無一不為當務之急。此類政治經濟上的迫切問題，絕非當時考證學所能解決。故以往乾嘉學者尊顧亭林為漢學開山，而十九世紀中葉以還經世學者則特重其《日知錄》中論經世諸卷。李申耆注《日知錄》及張船山撰《亭林年譜》皆此一風氣下之產物。稍後著

《校邠廬抗議》之經世學者馮桂芬，字景亭，又號林一，皆所以表現其景慕寧人（顧亭林）之意。此顧氏在清代學術史上先後影響不同之大概也。循此而往，若外在之挑戰不若是之劇，則中國學術與社會本可望逐漸走上相互配合之新途徑。然西方文化之衝擊力過強，已絕非傳統之經世之學所能應付，終於逼出變政之要求。康南海的失敗不僅是政治的，同時更是思想的。清代中葉之考據學固由彼摧殘殆盡，晚清經世思潮亦隨變法之失敗而俱渺。

此下即轉入第二階段，即五四以來之「整理國故」。五四之後，中國政治雖不上軌道，但思想文化方面則確為一極端自由活潑之時代，按理說整理的成績應該遠較乾嘉學者為優，而一究其實際，則殊不然，其中原因甚多，最重要的是思想上始終未能建立起一個重心。就史學言，他們一方面受歐洲十九世紀以來蘭克（L. von Ranke）所謂客觀史學的支配及實證主義科學觀的影響，以為歷史可以達

5 〈釋「海外中華」〉作「自清乾嘉以迄今日之中共，中國考據之學雖屢遭打擊，始終屹立不衰。而其中實可分為三個階段，說來令人慨然」，頁四—五。

6 〈釋「海外中華」〉作「遂相率埋頭故紙堆中」，頁五。

到完全客觀之境，可以變成與物理化學相等的科學；另一方面又在乾嘉考據餘波推盪之中（這兩方面可論之處甚多，非此短信所能及，不贅）。因此專從事一件件史實之考訂，置中國歷史文化之大綱大目於不顧。所以整理國故的結果不僅不能公之於社會，增加或修正一般人的歷史常識或觀念，甚至也不能傳布到一般大、中學歷史教科書中。原因很簡單：沒有機器而僅製各種零件是不可能有任何作用的。再看西方史學界，情形截然不同：西洋史的大綱節自十九世紀以來早就逐漸建立起來，這只要看看劍橋古代、中古及近代諸史（近代史新本已出數部）就不難知道。此所以西洋史學家目前只能做小題目，造小零件，這是因為他們已有了大的架構，故一門一戶皆有安放處，通過精密細緻的研究而不斷修理既成的建築物。他們的教科書和一般性歷史讀物，每隔數年便須修改再版，這說明他們專門性的研究時在推動著整個歷史知識前進。（當然其他各種學問亦莫不如此，而新科學之進步則更快。）在這裡我們很清楚地看到一條「上學下達」之路；知識的提高與普及是並行不悖的。而我們國故的整理則僅浮在上層少數專家圈子中，和整個社會脫了節。一般社會人士和青年學生的求知慾遂無法可以滿足，正由於有此大空隙，唯物史觀或其他各種武斷而有系統的歷史公式才能在中國大行其道。中國歷史因此而遭受到前所未有的種種曲解，在這些地方，近代國故整理者確是無法辭其咎的。

目前我們處在第三個階段，海外的情況較複雜，至少尚未形成特殊的風格，暫且不論。大陸上的舊學研究經過一度宣傳性的叫囂之後，已逐漸冷靜下來，而走向具體研究之路，老一派的國學家與史學家又重新受到重視，這就某一方面說，是一個好的轉變。但另一方面，由於馬克思理論公式的限制，研究者往往言不能盡意，或由於社會科學訓練不夠，對許多問題的解答只能停頓在「徵引端緒」的階段。而整個趨勢則似乎又要走上乾嘉考證的老路，因為只有如此才能避免思想問題。最嚴重的問題，還是「上學」不能「下達」。這是受了馬克思歷史公式的拘束，許多好的觀念與研究成果都在這個唯一尺度的衡量下而無法容身。（具體例證甚多，容他日細論。）整個地說，近數年來大陸史學研究確有進步，這當然是因為時代變了，研究者的眼光隨之放大了，對問題的看法也自然比前人通達了。可惜這些研究成果一時尚不能受到自由而適當的運用，因而也就不能成為社會化的知識。

最需要新思想

從上面這個簡略的分析中，我們不難看出：今天中國學術文化界所最需要的是新思想的指導，而這種新思想絕不是憑空可以想出來的，而必須要廣泛接觸西方思潮、深入探究中國歷史與文化，並密切地結合現實才能慢慢摸索到。我們今天飄零在海外，大家都能仍以華人而自豪[7]，知識分子也仍然至少在主觀願望上有以天下為己任的豪情勝概，這自然是可喜的現象，但是究竟華人之所以為華人的根據何在？[8]這一點未必人人都能有明確的答案，要解答這個問題我們便不能不研究中國歷史和文化，我們如不能弄清楚中國傳統文化與社會的特色，我們便無法使人相信我們所選擇的路一定比別人正確。時至今日我們如果仍喊些「民主」、「自由」與「科學」的口號，而不去研究這些東西如何才能在中國文化中生根成長，那實在未免太可笑了。如何研究中國歷史與文化呢？這問題太大，一時不能有簡單的答案，可以說的是：謾罵絕不能使我們了解中國；玄想也無法給我們太多的幫助。考證本可有益於歷史文化之研究，但如前面所說明的，目前尚不能發揮它應有的效能。我們當前所當注意的是具有原則性的大問題，或問題本身雖小而對大問題之解答具有關鍵性的作用。

隨便舉個例。上面我們提到中國知識分子以天下為己任的精神，何以中國知識分子有此特性而西方的知識分子並不如此？這可說是大問題。但行遠自邇，登高自卑，我們並不能對這種大問題立刻予以解答。如果有人立刻就有現成的答案而並未經詳細的分析，則我們敢說他的答案絕不可信。要為這個問題尋求平實可靠的答案則必須從具體的分析開始。例如先秦的士如何而來？何以其時有所謂游士？秦漢之士或士大夫有何特性？隋唐科舉制度建立以後對士大夫有何影響？再進一步我們還得分析每一歷史階段之士的社會地位、功用等等，又須分析士之分化及其歷史背景之類。這些則可說是具有關鍵性的小問題。中國歷史上這類重要問題多不勝數，以往國學家與史學家或未能注意，或雖有研究而尚不夠深入，這都應該是我們今天努力的對象。

---

7 〈釋「海外中華」〉作「大家都能仍以中國人而自豪」，頁五。

8 〈釋「海外中華」〉作「但是究竟中國人之所以為中國人的根據何在？」，頁五。

怎樣研究？

怎樣研究？怎樣分析？這自然又牽涉到許多方法論上的問題，這裡也無法具體討論。就大原則論，第一是掌握材料。我們必須先熟習一切有關史料，近人有「史學即史料學」之論，自屬妄說。但不可否認史料掌握為治史之第一步。在這一方面傳統國學研究之途徑自應遵循：典章制度、名物訓詁應為必習，否則必鬧笑話。且舊籍深邃，並非掉以輕心，左右采擇，即可成學。同時西洋史學方法論亦可資借鏡，因其已經系統化也。

第二是不斷多方面地提高理論水平。今天無論研究中國歷史、思想、社會或制度都非單靠舊學基礎即可勝任，中國缺乏系統知識，社會科學不發達，這些缺點嚴重地影響到我們的分析能力。我並不是說西方社會科學中之各種理論可以隨便拿來應用到中國文史研究方面，西方理論甚多，且時時在改變中，如果我們執而不化，「從一而終」，其結果也必然是製造一些學術史上的笑料而已。但社會科學的理論至少在理論上是具有普遍性的，它們並不是根據一個社會或文化研究出來的，我承認它們的普遍性有一定限制，比如東方社會並未能受到西方社會科學家的同等注意，因而這些理論（或者說「工作假設」）在應用於中國方面時自不能不加以適當的修正，這一點西方學者也完全承認。但不能否認每一個理論至少代表一種觀點，也就是說，它使我們從一個新的角度去看問題，由此看來我們所掌握的理論武器愈多，則觀察問題能力也愈強，不適用的理論自可棄而不用，再換另一種理論試試，多一隻眼睛總比少一隻好。至於運用得當與否那自是每一個研究者的能力問題。世界上也並無任何理論可以保證永遠而普遍的有效。我們不相信有什麼「放之四海而皆準，俟諸百世而不惑」的理論。社會科學中有些已達到較高的普遍性，如經濟學已可適用於大多數工業社會。近若干年來更有落後國家經濟成長的研究，這對於東方經濟發展之了解自然會有幫助。十九世紀的人類學著眼雖在普遍文化發展，但因材料限於少數地區，不能對文化發展提供普遍的認識。進入二十世紀後，人類學家一度專研究某些地區的原始民族，如非洲美洲之類，而不作概括性的結論。近一二十年來人類學家研究的領域已擴大到文明社會，所得的結果極有助於歷史研究，如 Robert Redfield 研究農民社會所提出的大小傳統（Great tradition, little tradition）之說，極可有助於中國歷史之研究，尤其在說明「士」之作用方面。（我不久擬寫一文討論，茲不詳及。）史料掌握與理論水平之提高只是研究中國歷史文化的兩個最基本的條件，史學之能事並不盡於此，其他的我們暫且不多說。

重視知識的追求

經過這一番解剖，可以看出：新知涵養與舊學商量其實也只是一事之兩面，不可截然分開。但有人不免要懷疑：何以我如此重視知識問題？這問題可以回答得很長，但也可以回答得很短。茲取後者。[9]由於客觀條件的限制，使我們的努力至少在最近將來只能限於文化方面。文化自不能不自追求正確的知識始。同時我還有一層意思：即當略懂戰略，應知如何捨己之短而取己之長。求知識，論文化是我們的長處，搞運動則是我們的短處，這還是從主觀條件說的。從客觀方面說：我們身處海外的人別的方面或許不及大陸上的知識分子，而唯獨在學術方面比他們強得多，我們可以暢所欲言，而他們則只能噤若寒蟬；我們能讀到一切新的學說，吸收任何新的知識，而他們則只許搞馬列主義（此只就社會科學、文史哲等言之），我們必須善用這一方面的優勢來為未來中華學術文化之發展培養一些種籽。而且文化學術工作是費時的事，從事這種工作的人須具絕大的耐性，須忍得住絕大的寂寞。以往的知識分子之所以在此方面少成就便是因為耐不住，文化工作尚未展開即已為政治力量牽引而去。康有為是一個例子，胡適之也是一個例子。戊戌政變前有人勸康氏從緩，先從辦學堂普及教育著手，他說：「此路如何來得及？」因此他要「速變」「全變」。胡適之曾有二十年不談政治的說法，事實上他回國不久即已與政治結了不解緣，只不過在形式上保持了若干距離罷了。我們的處境則恰得其反。我不敢說我們如處在可以自由行動的環境中，是否都真能耐得住守得穩。但我敢說：在目前情形下，我們除了從事寂寞的學術文化工作外，實則無他路可走，這種強迫的退隱正好為我們提供了從事學術文化工作的有利條件，晚明遺老如顧亭林、黃梨洲、王船山無不具有濃厚的政治興趣，使明不亡，其不捲入黨爭者幾希，而明亡後他們被迫退隱遂造成近代學術史上一段光輝。我說這話並不表示任何價值判斷：學術工作不必然高於實際的政治工作。但任何政治上之真建樹都少不了學術基礎。近代政治運動之多不能有大成，原因之一或即由於學術文化之根基未能確立。我們目前的短處是缺少空間，而長處則

9 比對〈釋「海外中華」〉（頁六），此處刪去「我在開始時曾提到建立『海外文化王國』的說法。也提到」。

是擁有時間。雖然空間的縮小或有一天剝奪我們的時間，但短期內尚不致如此。因為從事學術文化工作正是利用時間來爭取空間的不二法門。

我認定舊學的整理與新知的介紹是我們求認識時代、認識世界及認識自己處境的唯一途徑。馬克思曾提出「哲學的任務是改變而非說明世界」的問題，這確是一個富有意義的提示。但我想，改變世界的知識同時也就是說明世界的知識，必先有真知而後才能依之而行，知行之次序絕不容顛倒。

以上這一番話大概可以說明我自己的立場和看法。小節或與兄等所言者有出入，大體或不致有太大的距離，不過我似乎更富有書獃子氣，把目前的工作和現實拉得更遠了一點。而在我自己的想法，則以為我們實沒有任何其他妙法可以更接近現實，這裡所談的工作自然不是兄等所辦的刊物所能承擔的。不過如果有這樣一種刊物，也多少可以做我上頭所描述的工作之一小部分。這些話毋寧是對海外一切有志於文化學術工作的朋友們說的。

將來俟兄等刊物計畫更具體些時，弟自願在財源方面有所貢獻，同時也希望能覓得更多的朋友來贊助此事。弟原意只想寫一紙，故用郵簡，不料下筆不得自已，竟寫滿四紙，大約已有六七千字，真出意外。

（陳完如函：收到英時兄之長信，今日午後一口氣讀完。英時兄之立論堪稱為「經典」之作。……「文化工作尚未展開即已為政治力量牽引而去」一語，意義尤為深長，也是我們時時聽到的。英時兄之信刊出以後，應設法多寄友人。將來雜誌能辦出來，英時兄之信應再予以發表。）

——一九六三年一月廿九日

二、為一大事因緣出世（一九六三年四月廿七日）

弟信友人反應如此熱烈，殊感欣慰，然亦為始料所不及也。此足徵今日知識分子對祖國文化及其前途無不有出乎內心之真關切，否則在「心如死灰」之流看來，弟之所云亦無非癡人說夢而已。而弟所最感興趣者，則為友人能對此文所提出之各項加以揚榷或批評，有些問題非經討論不易見出其中癥結。弟尤歡迎批評反對之言論，只要討論者不動情感，則在相互切磋中定能步步深入，弟亦可藉此繼續發抒其胸中所久蓄而未吐之思緒，則亦殊為快事。

弟目前正在修改博士論文，希望不久可印成專書，餘力則撰寫其他論文，此皆須於課餘之暇為之，故頗不輕鬆。如雜誌能辦成，弟無論如何亦當隨時撰稿以備採用。弟意刊物籌辦事固須慎之於始，然亦可有較通融之辦法。蓋弟以為吾輩今日之經濟條件，而創辦一永不停刊之雜誌，實絕無把握。如必欲基金充足後始著手，甚至將無著手之一日。據弟所見，我們只能辦特殊性質之刊物，而不宜於辦正常之期刊。所謂特別性質之刊物者，即此刊物須「為一大事因緣出世」。易言之，即當有一些共同問題（也就是有重點，自然限於學術文化性質）可資在某一時期之共同討論。此刊討論之結果如能與「白話文」、「古史辨」、「科玄論戰」之類有相近之結果，則即算是成功了一件事。至於刊物能持久到何時，則非此刻所能預計。依弟之辦法，則我們目前當先議定刊物之共同論旨及涉及問題之範圍，此點一確定，即可著手寫文章，籌費用。如在一年或兩年之內能將某幾個重要問題討論得很徹底，或引起一般文化界以至社會人士之注意，即是大貢獻，縱使停了刊，亦可無憾。故此一刊物其性質乃介乎普通刊物與論叢之間者。反過來說，如內容不集中、不豐富，而僅維持一種定期性之出版，在弟看來，亦無大意義。我們的條件（包括一般讀者購買力言）非英美之比，不可奢望與 Encounter（「對壘」）之類比較。現在只能抱有一分力量做一分事之辦法。此意如蒙兄等採納則我們即可積極進行，暑假後或即能出版亦說不定。

三、運新方法於中華文化　（一九六三年二月廿八日）

弟近日又翻看《古史辨》，覺得顧頡剛、傅斯年諸人當時之理論造就殊不甚高，而《古史辨》之所以能轟動一時，厥在其能運用新方法、新觀點（雖甚幼稚）於中國文化與歷史之解釋方面。胡適之之哲學成就不足道，彼所以能領導一時之學風亦在其能結合新舊中西也。嚴復介紹西學最力，深度且在後來諸名家之上，而終未起大影響者，蓋因彼只有介紹而無融合者。玄奘唯識之學未能在中國思想史上占最高地位，其故亦在此（此陳寅恪說）。凡此種種事例皆可為吾人今後文化工作之借鑑，想吾兄應能首肯。

四、刺激獨立思考　（一九六四年七月十三日）

我們很想使刊物的籌備工作在今年年底以前開始，一九六五年春季可以正式面世。刊物暫可定為雙月出版，而篇幅則不必限定，大可採「有話則長，無話則短」的辦法。如果某一期只有一篇好文字，那麼便只印此一篇，亦無不可。經費方面，大約每期美金百餘元，只須有十至十五人，每人每期捐助十元，則已可自立。我們不要別人錢，因為只有如此，我們才真能自由說話，並且才可以說得響亮。刊物出版地點自然以香港為宜。此外我們還該組織一個編輯委員會，每期稿件最好能由各編委輪流審閱，但限於事實上的困難——編委分散各處——恐不能不由主編偏勞，此是枝節問題，不甚重要，但也不可不顧及。至於刊物內容，原則上是以包含性愈廣愈好，態度上則儘量求客觀，對於人文世界（無論古今）之現象求取逼真的了解，因為我們目前仍是在認識和了解我們的處境的階段。在質的方面，我們必須求精，表達方式則以明暢為主，但是若偶有學人專門而有價值的研究論著，亦在歡迎之列。因為一個刊物若希望受到文化學術界之重視，便非有份量的著作不可。自然，我們最盼望的稿子仍是深入淺出，並對當前現實有照顧（即有助於我們了解我們的處境）的作品，換言之我們希望多鼓勵有現實生命的著述，完全脫離現實人生的乾枯東西，雖別有其認知的意義，至少是不符合我們的宗旨的。

以前我曾想過試辦有重心的論叢，經過一年來的嘗試，才知此事不易，受約寫稿人常常不能交卷，因為他們自己都太忙，無法寫指定題目的文字。依我們現在的想法，我們的刊物可包括以下各欄：

一、論著——這是每一期的重心，希望事先能有較好的計畫和準備，若同期可刊出兩篇以上的相關或商榷的文字，即易引起讀者的興趣。

二、通訊——報導海外各地區的中國人動態與發展（自然是有意義的動態與發展，因為這並不是「名人行蹤」之類也）。

三、書評——凡有關中國或應用於中國文化與社會之研究性論著皆宜加以評介、一方面推擴知識，一方面提高學術水平。此對國人尤為當務之急。

四、譯介——西方思想及社會科學名著其有為國人所不深曉者，當分別由專門學者加以提要、介之於華人知識界。

以上四項是僅就我目前所想到的加以列舉，其中自然可以有增補修正之處，但每期刊物並不須非包括所有項目不可，一切須視積稿條件而定。

我們辦這個刊物的最大願望是刺激獨立思考，提高理論水平，這是積極方面。消極方面，我們更要消除偏見，尤須掃淨門戶之見，文人相輕之習，我們應提倡互相尊重，但也要防止彼此標榜。我們的刊物自不可能有「利」之爭奪，但不能不注意避免「名」的糾紛，大抵學人多好名，此念最易使人失去理性，不可不防患於未然也。

（陳完如函：關於刊物內容問題，我全部贊成英時之看法，只加重說明一點：我們之目的不是學術性的，而是知識性的。唯其是知識性的，我們要深入淺出俾能與各方面知識分子交換看法而不局限於學術界人士。因為是知識性的，我們對中國問題也好，世界問題也好，都視為知識問題而非政治問題。許多朋友認為我們無法避免談到「政治問題」，我想這是「政治科學問題」之語誤，從政治科學觀點看中國問題著重於「分析」，從政治觀點看中國問題重於「取捨」。我們中國社會中政治雜誌多得不可勝數，均意在教人們如何「取捨」——價值判斷。我想我們大可不必多此一舉，再辦一個政治刊物。

我極端贊成此刊物之主要願望在於刺激獨立思考，也歡迎來稿彼此互辯（在不失風格之前提之下）。我常想，我們中國社會有黨報、政治刊物，也有學術刊物，偏獨沒有思想性知識性俾一般知識分子可以交換看法之雜誌——一種

Intellectual review。我們這一代的人應該負起這個責任來。）

——一九六四年九月十六日

五、書生與志士（一九六四年十一月十日）

兄數函均先後收到，雜誌事雖不必急，但亦可稍稍推動，弟文恐非待寒假時不能動筆。此時心思顧慮不周，寫不出有系統的東西。雜誌性質若能仿韓國《思想界》最佳，此雜誌弟曾見過（不懂內容），其題目均頗有興趣。弟之看法，我輩志趣相同之友人中似可分為兩大類，一為書生型如弟之流，此世務不甚通達，而理論興趣較高。一為志士型，頗欲於現實思有靖獻，然以環境及職業所限，不能多從抽象方面著想。此二型各有所偏，而正可互相補充，但絕不可彼此相輕，即各以所長相輕所短亦斷乎不可。……在美國之中國朋友，弟當負責約稿。此事亦大不易，因各人均忙於職業也。但每三兩月寫一千五百字左右之文章應可做得到。

（原載《明報月刊》第一卷第四期，一九六六年四月）

東西方漢學和《東西方漢學思想史》

什麼是「漢學」？這在今天已是一個很難回答的問題。如果認真地分析它，我們至少必須寫一部專書。「漢學」的西方原字是「Sinology」。嚴格地說，它包括了有關最廣義的「中國」的一切研究成果。其中，很重要的一部分是關於中國邊疆和內地的「非漢族」的歷史、語言、文化、宗教、風俗、地理等等方面的探討。這樣看來，我們用漢語中「漢學」一詞來翻譯「Sinology」，不但取義過狹，而且也在有意無意之間流露出「漢族中心論」的偏見。從字面上說，「Sinology」應該相當於中國人所講「國學」的範圍，但事實上，「國學」一詞最初借自日本，在近代中國又有演變，仍不能與西文原意吻合無間。日本學者曾用「支那學」譯「Sinology」，在語源上最為忠實。「支那」這個梵文古字的初義似乎有褒無貶。然而「支那」和「支那人」在某些近代日本人的使用中又添上了一層特別的詞義。因此，「支那學」也不是現代中國人所願意接受的。

語言的特質之一是「約定俗成」，中國自《荀子・正名》篇起，西方從柏拉圖 *Cratylus* 篇起，早已揭出此義。所以我們不妨承認「漢學」即是「Sinology」的譯語，不必再細加辨析。但是這裡有一個問題卻是我們無法完全迴避的：中國以外的「漢學」和中國學人在同一領域中所發表的漢文論著究竟是屬於同類的呢？還是異質的呢？據我幾十年來體驗，除了極少數的例外，多數中國學人，主要由於語文的隔閡，往往不免以異樣的眼光看待所謂「漢學」的著作。有些先輩中國學者總覺得中國經典博大精深，文字古典曲折，絕不是外國人所通曉的。在他們看來，外國人出於好奇心而研治中國學問，大概像張騫初至西域，不能得月氏要領。章炳麟便曾流露出這一傾向，雖然他評論孔子、儒學仍不免受到遠藤隆吉、白河次郎等人的影響。這一心態在當年自不是全無根據，但也未可過甚其詞。王國維與日本林浩卿博士往復討論《洛誥》中「裸」字之義，即可見一斑。如果說日本早有中國經史研究的傳統，因此才能產生少數傑出的人物，那麼我還應該想到歐洲許多第一流的漢學家，如法國的伯希和、馬伯樂，瑞典的高本漢，德國的衛禮賢、福蘭閣等。尤其是伯希和與高本漢兩位，對於二十世紀上半葉中國「國學」的發展曾發生過決定性的影響。

這樣看來，我們沒有堅強的理由把「漢學」看作「化外」的邊緣事物，在若有若無之間。我們應該記得，在三十年代的北平，中國第一流學人和陳垣、陳寅恪、胡適、傅斯年等便曾嚴肅地討論過一個十分重大的問題：「漢學」的中心當時是在巴黎呢？還是日本京都呢？什麼時候才能搬回中國北京呢？這個問題似乎在今天還沒有確定的答案。

如果說，在十九世紀中國人的學問依然自成系統，與域外的「漢學」截然異趣，那麼在進入二十世紀之後，情況已完全改變了。而且即使是在十九世紀，英人理雅各（James Legge）得王韜之助，將儒家主要經典譯注成英文，便是世界漢學史上一大事因緣。一八七五年陳其元從香港的《華字日報》上看到這條新聞，大為興奮。他因理雅各竟能「研究馬、鄭、程、朱之學，用夏變夷」，便毫不遲疑地稱他為「豪傑之士」。可見「漢學」即在彼時也未能一律視為「化外」。自二十世紀初，特別是「五四」的「整理國故」運動以來，中國原有經、史、子、集四部系統已全面崩解，代之而起的正是西方的學科分類系統。從此，中國的「國學」和域外的「漢學」在實質上更難分疆劃界，唯一可實指的差異只剩下發表論著時所使用的語文了。近幾十年來就我閱讀所及的範圍而言，當時竟不免發生一個非常奇異的感覺：即有些中國學人以漢文寫成的「國學」著作好像是十足的「漢學」成品，而有些外國人以「非漢語」發表的「漢學」成績反而體現了中國「國學」的風格。這就更不能不激起我們的反思了。

二十世紀下半葉，主要由於美國所投注的驚人的物力和人力，「漢學」發展的重心已明顯地從歐洲轉移到北美。更由於涵蓋面的年限擴大和時代性的包羅古今，美國學人嫌「漢學」之名過於陳舊，主張用「中國研究」（Chinese Studies）來代替它，在六十年代中期，「漢學」這個名詞的本身曾在美國學術界引起了廣泛的爭論。大體上說，今天美國學人已很少用「Sinology」這個字了。即使在歐洲，「中國研究」也已有取代「漢學」的跡象。

名詞之爭的本身並不重要。重要的是我們今天必須面對一個不容忽視的事實：從日本、歐洲到北美，每一天都有關於中國古今各方面的研究問世。如果我們繼續把這些成果都稱之為「漢學」，那麼「漢學」與中國本土的「國學」已經連成一體，再也分不開了。學術和知識不分國界，這一原則今天也同樣適用於一切有關中國的研究領域。一九三〇年陳寅恪先生撰〈陳垣敦煌劫餘錄序〉，曾提「預流」與「未入流」之說。他認定「敦煌學」是當時「學術之新潮流」，中國學人必須急起直追。今天的「新潮流」則已擴大到中國研究的每一角落，不能再以「敦煌學」為限。域外的「漢學」已取代了當年「敦煌學」的位置。所以中國學者即使研究自己的「國學」也有「預流」或「未入流」的問題，以我稍有所知的中國史學而言，在選定專題研究之前不查清漢學界有關該題目的主要文獻，我是不敢貿然決定的。萬一在研究工作完成以後發現別人已先我為之，並且比我做得更好，那麼我的時間和努力豈不完全浪費了？

我很高興看到今天中國本土的學人已開始注意到域外「漢學」的相關性，雖然這一相關性目前還未能在學術論著中充分地表現出來。改變中國學人長期以來對於域外「漢學」的先入之見並不是一朝一夕便能辦得到的。但有系統的撰述漢學史不失為一個最有效的始點。這一新風氣最近似乎已在中國大陸上掀起了，這是最使我感到欣慰的。今年我所收到的作者贈本便有張國剛先生的《德國的漢學研究》和張靜河先生的《瑞典漢學史》兩種，都是作者親自在德國和瑞典深入考察訪問後，根據第一手資料寫成的專著。這兩部書都翔實可信，貢獻不小。

旅日多年的靜源（劉正）先生，英年好學，研究的規模尤為宏大。他最近發憤寫成了一部包羅東西方各國的漢學研究史，這樣一部通論性質的基礎研究史，更是當前中國學術界所迫切需要的。我雖然還沒有機會讀到全稿，但從目錄中看見他將漢學研究分系在「儒家文化圈」和「基督教文化圈」兩大系統之內，我覺得這是一個很有見解而又符合歷史實際的設想。我希望靜源（劉正）先生此書出版後能夠得到中國讀者的熱烈回響，故略道平素所感，以當介紹。是為序。

註：

京都靜源著《東西方漢學思想史》一書，已被列入復旦大學出版社「學術史叢書」之一，明年六月正式出版。

（原載《明報月刊》第三十二卷第十二期，一九九七年十二月）

做一個有尊嚴的知識人

採訪者：李懷宇

余英時先生二〇〇六年獲得美國國會圖書館頒發享有「人文學諾貝爾獎」之稱的克魯格獎，被譽為「胡適之後最傑出的中國學者」。從普林斯頓大學榮休後，余英時先生隱居「小書齋」中著書立說，筆端深含中國情懷，思想影響華文世界。《時代周報》創辦之際，余英時先生欣然接受了本報獨家專訪。

國學「大師」太多了

時代周報（以下簡稱時）：現在的「國學熱」似乎越燒溫度越高，為什麼會出現這樣的現象？

余英時（以下簡稱余）：我覺得沒有真正的「國學熱」可言。真正的學是不能熱的、熱不起來的，只有五分鐘。學是要冷冷清清長期做的，如果要帶一個「熱」，就可以不考慮了。等於是流行歌曲，大家都狂熱，流行歌曲能流行多久，就不知道了。我看「國學熱」本身跟國學並沒有什麼關係，只是有些人的思想被挖空了，要找東西代替：老祖宗的東西就是很好的，我們不用向國外求什麼，光老祖宗的東西已經用不完了。無非就是這樣一種想法，才會搞出「國學熱」來。

時：有人認為現代社會「人心不古，物欲橫流」，所以必須倡導「國學」，你如何看待這種觀點？

余：我想「人心不古，物欲橫流」的說法，每個時代都能聽見。古代就有了，漢代可以這樣說，唐代可以這樣說，明代可以這樣說，現在還是這樣說，什麼才是把人心復古呢？從前提倡經學的人，就以為經學可以解決一切，中國人念經學念了幾千年，去翻翻清朝《四庫全書》提要，經學有多少書？每一代都有發展，還不是繼續「人心不古，物欲橫流」？我想每個時代都有問題，沒有任何一種萬靈藥可以通治所有的病症，只能對症下藥。

時：在現代學術史上，「國學」一說的發展有什麼樣的背景？

余：「國學」基本是日本的名詞，日本明治維新以前就有了。最初就是要恢復日本的國粹，先是對抗中國的漢學，後來又對抗西方的東西。這個「國學」後來就傳到中國來了。當初也經過許多演變，也有「國粹」的說法，同樣是日本傳來的。後來中國有《國粹學報》之類。章太炎提出，這些東西有所誇大了，所以改用「國故」，他有一本書就叫《國故論衡》。胡適他們提出「整理國故」，整理跟中國有關的歷史種種。這樣「國學」就變成中性的名詞。

清華大學辦國學研究院的時候，就用過這個名詞。包括我的老師錢穆先生寫過《國學概論》，他說「國學」這個名詞恐怕也不是能持久的。我認為把「國學」變成某一種神聖、美妙的意義，讓它發生精神嚮導作用，恐怕不是很容易的事情。這和考古學家李濟之先生反對用「漢學」這個名詞一樣，不想把中國考古變成「漢學」的一支。

時：在學術研究上，通與專之間的關係如何處理？

余：在學術上，通與專是看個人的。有人願意是專家，他不想「通」，對「通」沒有那種意識。有人故意學「通」，那種是很虛的通，許多抽象的廢話，聽起來冠冕堂皇。尤其是現在用西方各種理論的名詞，人家也不知道葫蘆裡賣什麼藥。我想真正求通，是在專中求通，通中求專，兩者分不開。沒有具體研究，通什麼呢？一到具體研究就進入專的領域。這專不是就事論事，要看看前面，看看後面，看看左右，把有關的都聯繫起來，那就是專中有通，通中有專，不能空談專與通。

時：為什麼現在大陸的學者動不動就稱「大師國學」，動不動就是「通才」？

余：還是精神空虛吧。這是最大的問題，學術界的人精神也空虛，總要有一些東西填補，變成大師的話，當然就得到很大的滿足感了。明朝末年官封得太多，「都督多似狗，職方滿街走」，現在的大師太多了，就是通貨膨脹，貶值了，什麼都是大師，就沒有意義了。人人都是大師，那誰是小師呢？

時：那些頂尖聰明的學者為什麼熱衷於當大師？

余：有人學問好，聰明才智高，不一定有智慧，智慧是另外一回事。人生的智慧不是看人的聰明，中國古人講，這個人「智可及，愚不可及」。「愚不可及」不是罵人的話，是讚美的話。西方經典《贊愚》中就說，越是愚鈍的人越有智慧，愚鈍的人不是言詞辯詰，而是對人生有某些很深的體驗。越聰明的人越是糟糕，聰明等於是一個工具，就像科技一樣，用在好處也行，用來製造殺人武器也可以。這就是古人講「術不可不慎」，做哪一行也要謹慎。這跟智慧沒有什麼關係，千萬不要迷信什麼學者大師之類。

但求面對死亡而視為平常

時：一些在文化、學術上很有成就的人物，到了晚年為什麼會產生「不朽的焦慮」？

余：人到老的時候，怕死是一定的。你要記住孔子的一句話：「及其老也，戒之在得。」年輕的時候是好勇鬥狠，要跟人家拚打、鬥爭，老年就越怕自己失去這個世界，越想抓緊「得」。這個「得」不光是財，主要是名譽：人家承認不承認。怕寂寞，這就是黃宗羲早年講的一句話：「士大夫不耐寂寞，何所不至。」只要你不耐寂寞，什麼事都會幹。

老年人就怕這個世界把他丟掉了，他沒有地方可去，沒有東西可以抓得住，所以一抓住一個東西就占有，無所謂節不節了。越到老年越可怕，年輕的時候不會意識到死亡，到了中年以後，死亡的威脅就存在了。

儒家講死亡，就是面對它而視為平常，這是真的儒家精神。胡適到英國去見劍橋的大主教，就說：對死根本就不怕，死了就死了，沒死以前就做我該做的事。這就是張載所說「存，吾順事」。活一天，我就要盡一天責任。責任有很多，對子女有責任，對太太有責任，對父母有責任，對兄弟姐妹和朋友都有責任，能盡多少算多少，不能人人都靠你。

盡我最大的努力做我應該做的事情。我的專業是研究歷史，就希望把我的歷史研究好，不是曲解歷史，不是為了某一種利益而搞一個學說，也不是為了賺錢而寫一本人人都買的書。做歷史研究也罷，做哲學研究也罷，得到某種程度的真理，把已有的真理向前推進一步，那我的責任就盡了。至於人家的評價怎麼樣，對你是不是欣賞，生前是不是得到承認，這都不重要。這樣你就心安理得了，就沒有那麼多的惶恐。最怕的就是不安，老想要怎麼樣，這是心理上最難克服的問題。

「不朽的焦慮」起源很早，中國古代思想家如子產，不信靈魂不朽，認為魂、魄最後都會散失，這便引出《左傳》上講的三不朽：立德、立功、立言。立德就是以身作則，大家敬重你，覺得你是一個楷模，可以拿你作標準。立功是對社會有貢獻，自然不朽，人家永遠會記得你。立言是你說的話或知識上求真理，科學家、歷史學家、哲學家能夠創造出很新的想法，對一個時代有很大的影響，那也可以不朽。這就是所謂三不朽，中國人把死寄託在這三不朽上。這三不朽是很好的，不見得人人都能做到這樣，要付出很大代價，犧牲各種功夫才能立德、立功、立言。

如果不想花那麼大的功夫，又想不朽，有什麼辦法呢？就做壞事。這就是東晉桓溫說的名言：雖然不能流芳百世，我也可以遺臭萬年。遺臭萬年也是不死，所以，我想遺臭萬年的人就比求三不朽的人多得多了。

要恢復人的尊嚴

時：為什麼你現在把「知識分子」一詞都改用「知識人」？

余：「知識人」這個名詞是我現在提倡的，第一次是二〇〇三年上海人民出版社《士與中國文化》第二版，我在序裡提出這個問題。以後我就盡可能用「知識人」，而不用「知識分子」。原來我也用「知識分子」，那是隨俗，因為語言應該隨俗。但我現在覺得這是一個問題，過去「分子」用得太可怕了，分子是右派分子、壞分子，什麼都在裡頭。「知識分子」已經用了幾十年，從前是一個中性的詞，後來就變質了。所以我不想再用。我記得可能是看了已經去世的語言學家陳原談「分子」的文章，受到他的影響。西方用「intellectual」，就是知識人，日本人也用「知識人」。我給日本學界寫過一篇文章，用的是「知識人」這個名詞。講知識人等於中國人講讀書人一樣，講政治人、經濟人、文化人都可以，為什麼不能用知識人呢？我的意思是人的地位要受到尊重，我要恢復人的尊嚴，因為語言是影響很大的東西，語言一定限制你的思想，用暴力語言，就是鼓動暴力。

時：人的地位要受到尊重的觀念，在中國歷史上有沒有源流可以追溯？

余：中國對人權是一樣尊重的，在王莽時代有詔令，不能買賣人作奴隸，這比西方還進步，西方整個古代以至早期基督教都視奴隸為當然。人都有權益，人都有尊嚴，這在中國早就有了。中國的觀念跟西方的價值可以結合起來的。

從前中國還有士大夫階層來控制，政權也是開放的，開放到一定程度就是科舉，要做官必須先考試，這個考試是比較公平的。從漢武帝開始，中央設有太學，地方上也推舉人才再送上去。這是中國很早就有的好事情，不要以為是小事情，這是不容易的。西方在中古時候一個是武士階級，一個是有錢的商人可以有特權，然後是世襲的貴族。這些在中國很早就消滅掉了，世襲制度基本上在春秋戰國以後就不再實行了。唯一世襲的就是皇帝，這個沒有人碰它。中國的政權很早便開放到「四民之首」的「士」（即知識人）是一個重要的文化成就，但這一開放並沒有形成「民主」。辛亥革命以後中國知識人便自覺地努力，想作進一步的開放。追求民主，便是承認每一個人都有「人的尊嚴」。儒家早已有「人皆可以為堯舜」的觀念，這一思路在現代與追求民主、自由、人權的大潮流匯合了起來。

時：在今天這個時代裡，如何做一個有尊嚴的知識人？

余：我想你們年輕人自己要努力，要自己把自己當人，不要盲目服從上面的權威。我認為每個人要爭取自己基本的人權，不要隨便被人剝奪了。如果人家給你「恩賜」，給你點好東西，你就感激涕零，這就不太好了。人就應該量才適性，自己有多少本事，在什麼環境，盡量做自己該做的事。但是人不能光為自己著想，我們念中國書，受中國文化影響，不能只管我一家，其他就不管。因為小時候受影響，有社會責任感，但是責任感也不能無限膨脹，膨脹到連家都不顧了。起碼的責任是對家裡人有承擔，這以後才有餘力為公家做事，這是很簡單的人生道理，只要能做到這一點，中國才能夠慢慢走上現代社會，只能求一點一點地變。

我從來不把任何個人當神一樣看得不得了。古人今人中好多人我都很欣賞，很尊敬，但我不覺得我要崇拜某一個人，想變成某一個人。我怎麼可能變成愛因斯坦呢？愛因斯坦是一個個體的生命，我也是一個個體的生命，為什麼要做他呢？就算有一個人是物理天才，也不一定能成得了。每個人都要成就自己，完成自己。我沒有崇拜某一個聖人，我不崇拜孔子、孟子、朱熹，只是覺得在中國精神史上，這些人豐富了中國人的精神生活，從內心欣賞他們，尊敬他們。

現在想到的是，在這個時代我能做什麼，那就是做自己。我沒有英雄崇拜主義，也不會自愧不如，因為我天生就只有這麼多本錢，只有這麼多才力。這不是我能決定的，這是遺傳決定的，還跟我的環境有關係。如果小時候沒有八九年在鄉下，我對傳統的社會與文化便不可能有親切的認識。但我沒有機會上現代小學、中學，便注定不能成為數學家或物理學家了。我只有一點對中國文史的底子，就只能做我自己。我並不是傲慢或者自負，人只能知道自己有多少本錢，就做多大的生意。不要看別人是大富翁，我也要去做大生意，那就畫虎不成反類犬。總而言之，盡力完成自我，同時也知道尊重別人，這是所謂「博學知服」，即做一個有尊嚴的知識人的最好辦法。

「大學」：大學還得靠民間力量

時：耶魯大學的孫康宜教授講過，哈佛大學、耶魯大學、普林斯頓大學這三個學校的關係特別有趣，像是祖父、兒子、孫子的關係，耶魯是一群對哈佛不滿意的學生建的，普林斯頓是一群對耶魯不滿意的學生建的，所以這三個學校有非常友好的關係，但是又有競爭的關係。你在這三所大學都任教過，這些第一流大學有什麼值得中國學術界關注與借鑒的經驗？

余：美國各大學很難說哪一個是第一，最要緊的是看綜合力量。美國常常有調查，沒有一個大學每一個系都是第一流的，就看誰第一流的系比較多，大概就是在前幾名的，所謂常春藤大學，有哈佛大學、哥倫比亞大學、耶魯大學、普林斯頓大學等十幾個。這些學校基本上水準都差不了太多的，要看你的興趣是哪一行，剛好哪一個教授是你喜歡的。教授的著作出版一定要很高水準，不能隨便出版，而且每一本出版的書，都要經過專家審核，不通過就不會出版的，不管你有多大名氣，都不相干的。這種制度化是非常穩定的，大學出版社尤其守得很嚴，這樣才能使研究傳統不斷。無論是自然科學、社會科學、文學、藝術、歷史，每一行都有自己的學會。學報上的文章要靠同行互相監督，所以不可能有抄書的情況發生，一出現的話就會身敗名裂。

美國大學無論是公立的、私立的，都完全沒有政治力量干擾。包括州立大學，它們由州控制預算，但不會因為政治原因遭受迫害，或者被削減經費，如果大學教授傾向於共和黨，而州的領導人是民主黨，想要削減經費，也是做不到的。在美國大學要進行迫害是不可能的，因為實行長期聘任制度，如果做五年助理教授，自己夠水準，質與量都達到要求，就可能升成副教授，在美國一般就已經有長期聘約了。拿到長期聘約以後，當然還要努力，升到教授，要出版多少書，發表多少文章，其中學報的文章更重要，比書還要重要。

寫教科書，如美國通史之類，是升不了級的，因為在知識上沒有原創性的貢獻，只是綜合一下作為一個教科書。教科書在版稅上可以賺到很多錢，但是在學術上，對升級一點用都沒有。你不會因為教科書，學術地位就提高，這就是為什麼寫通史或哲學概論不會在現在的學術圈子裡占什麼位置。這也應該讓中國的學術界、知識界認識。

時：金耀基先生一直研究現代化與大學，認為歐洲成為歐洲世紀，美國成為美國世紀，都跟大學有很大的關係。

余：歐洲大學開始是宗教機構，所以神學很重要，最早的大學都跟宗教有關係，長期聘任制度就是要保障教授不受宗教迫害，不受政治迫害。這個保障一直到現在，可以說是更加強了，而不是削弱了。如果沒有這個保障，學術獨立就很難了，而且出版書籍，國家如果沒有一個出版檢查制度，誰也沒有資格檢查，這是最重要的。

美國大學對社會發展的影響力很大。美國就是靠教育，教育是最重要的進步資本，不是靠錢。錢是怎麼運用到文化水準提高，學術研究進步上，人文方面還一時看不出來，最容易看的是科技。科技要是沒有金錢，不可能發展，要花不知道多少錢，才能夠有一個新的發明。這個東西如果還考慮思想上正確不正確，那就完了。美國的進步領先於其他的國家，就靠這一點。從前是英國領先，第二是德國，德國的研究院後來被美國搬過來了。哈佛大學最初只是大學教育，沒有研究院，後來才按照德國的研究院發展高等研究。美國的國力跟它的教育成正比，現在無論從哪一方面，英國都是跟著美國走了。美國的教育經費非常多，英國的經費常常被政府掐得很緊。在美國，除了政府以外，還有許多有錢的私人基金會，甚至許多英國的研究院都要到美國來申請基金。

時：民間的力量對美國大學的發展有什麼樣的推動？

余：大學當然是靠民間的力量，民間的力量大於政府的力量，才是健康社會。如果一個社會是頭重腳輕，政治力量占第一位，就是一個不健康的社會。至少從現在看來，不是政治為主，而是以經濟為主，經濟發展到一定程度，教會提供組織的能力，最早的私立大學都跟教會有關。中國傳統的說法就是要「藏富於民」，就會出現私立大學。美國私立大學主要靠校友慷慨捐助，這是它的經濟基礎。十七八世紀，中國商人階級興起以後，許多書院都是靠商人的錢。美國的大學是民間引導政府。政府是一個組織，組織是把民間想完成的事情盡量完成，這樣在選舉的時候民眾才會投你的票。不是倒過來要靠領導的，在美國開任何一個學術會議，不會有什麼領導人先講話。沒有人去找校長來訓話的，大家會覺得很可笑，校長對這個東西不懂，講什麼話呢？

「通史」：以「專」濟「通」，不寫通史

時：就歷史研究而言，為什麼寫通史在西方沒有受到特別重視？

余：在今天西方，寫通史不是什麼了不得的事情，那根本是教科書。一般專家不大願意寫教科書，這是服務性質，而且你不可能在研究的每一個方面都是專家，要瞭解其他專家的意見。一般寫通史幾年後就要修改了，知識進步了，又要重新來過，寫得再好，沒有超過十年二十年的。總而言之，通史不是大事情，得不到太大的重視。在西方寫通史的動機大概有兩個：第一，寫得好

的話，市場大，可以拿到很高的版稅，就發大財了，還可以設立基金會。第二，能綜合一切歷史知識寫出一部大多數人接受的長篇敘事，這也是一種創造，給人滿足。但一般而言，寫通史不算原創性的貢獻。

時：可是在中國，為什麼許多歷史學家把寫通史作為夢寐以求的事？

余：中國很多史學家都夢想寫通史，那是因為歷史傳統的關係，通史在中國文化上的意義不同，我們理想的通史是司馬遷式的，所謂「究天人之際，通古今之變，成一家之言」。是不得了的大綜合。或者像司馬光寫《資治通鑒》，但《通鑒》已不算「通」，只能從三家分晉開始；還必須有七八個專家給他專門做研究，他自己寫成最後稿本，現在還保存一本司馬光通鑒稿，看看別的專家的東西，他來改寫貫通。但他的問題不像現在的通史，那是給皇帝看的：怎麼治，怎麼亂，治亂的原因在哪裡？有很清楚的目標。從歷史上得到一些統治的教訓，怎麼樣治理這個國家，是一個鏡子。我們現在是給誰寫呢？寫通史就有不同的觀點，有的從文化觀點，有的從平民觀點。我們每個人都想知道平民怎麼想的，可是平民根本沒有資料，農民每天耕田，晚上回家吃飯，有什麼東西可以作資料呢？他的感想不可能寫出來，有人代他寫出來也不能作為代表。今天寫通史的情況不一樣了，通史是教科書，「成一家之言」就不是通了，只是一個人的看法。寫通史希望銷路好，就不能成一家之言，是集眾家之言，所以觀念變了。在這種情形下，寫通史要靠綜合能力和敘事本領，與司馬遷和司馬光完全不同了。

時：不過一般人總希望買一本最好的通史，這樣就可以方便地瞭解歷史。

余：我完全同情這一看法，但不容易實現。希望只讀一本通史便知道一切，是不現實的。只能期待多出現一些通史，可以比較。但這必須以完全的學術自由為前提，寫通史一有顧忌，便寫不下去了。

時：錢穆先生在抗戰時寫《國史大綱》有什麼原因？

余：錢穆先生的《國史大綱》有作用，有選擇點。第一，那是抗戰時期，要建立中華民族的信心，要講中國的許多好處。第二，他認為五四批判中國是過頭的。第三，上世紀三十年代國民黨統一全國以後，大學要求中國通史是必修課。但是大家覺得沒有一個人能教全部，所以第一年北京大學通史教學是在北平找各個專家，像錢穆先生講春秋戰國秦漢、陳寅恪先生講魏晉南北朝隋唐。錢先生講，這個通史，各自為政，是不通的通史，通史就要一個人通下去，他就一個人通下來。錢先生在北大教書最出名的就是中國通史，他是用一個人的觀點大敘事。由於他的觀點廣闊，選材重要而全面，最後寫出一部最好的通史。錢先生告訴我，范文瀾在延安時期寫的中國通史好多是運用《國史大綱》的材料，不過另外作解釋就是，因為范文瀾與錢先生從前認識，他是黃季剛的學生。這可見錢先生在取材上大有長處。《國史大綱》至少做到了「通古今之變，成一家之言」的地步，但此書採用綱目體，言簡意賅，不容易讀，教的人必須有很高的史學修養才能勝任。

時：呂思勉先生寫的中國通史又有什麼特點？

余：呂思勉的通史很實在。第一，大段大段地引原文。第二，每一時代的政治敘事和制度變動分配得很平衡。呂思勉最早寫的是《白話本國史》，那是很暢銷的，第一次用白話來講通史，但是也引起問題，就是提出岳飛並不是民族英雄，是個軍閥，因為他自己在軍閥時代，他看到岳飛那麼蠻橫，認為就是當時的軍閥，那就引起大家痛罵。後來他寫了其他的中國通史。作為一個特殊的史學家，他是很重要的，沒有第二人做這樣的工作，寫這麼多的專史，所以有人稱他是通貫的專史學家。

時：在西方，湯恩比的《歷史研究》在學術上如何評價？

余：湯恩比的《歷史研究》現在差不多沒有人看了，在中國是另外一回事。湯恩比本人是一個很好的史學家。他的一生最多的精力放在《歷史研究》上。我看了幾乎所有專家對湯恩比的評論，每個專家都把他罵得一塌糊塗：這裡錯，那裡錯。專家指出錯漏，某些大的東西不能成立，基礎都被毀掉了。通史是建立在一些基礎上，打開一看，基礎不對。怎麼辨呢？湯恩比的《歷史研究》作為一個嘗試是了不起的，因為他的專長在希臘羅馬史的範圍之內，其他的像東南亞、美洲、墨西哥，他都要碰，那都是臨時研究的，看看別人有些東西可以用。那就是很薄弱的基礎，跟原來他自己的專長也不能比了。所以這個大屋建起來很堂皇，讓外人看，都看不出哪一個房子好，哪一個房子壞，可是真正的專家一看就穿了。湯恩比的《歷史研究》有兩個版本，一個是十大本，一個是節本。我認為看看節本就足夠了，節本在大致上就齊了。不過《歷史研究》屬於歷史哲學一類，倒和中國原有的「通史」觀念比較相近，而不是教科書。

時：為什麼陳寅恪先生一生沒有寫過通史？

余：陳寅恪想寫通史只有一個根據，就是他的表弟俞大維所瞭解在德國時期的陳寅恪，當時他收集很多剛剛出來的劍橋歐洲史，想寫一本中國通史。我認為陳寅恪中年以後也沒有這個想法了，只有早期俞大維的記載認為他想寫通史。別人也有這樣的感覺，大家覺得他既然知識這麼淵博，應該寫一部通史，比別人寫得好。但這是理論，以陳寅恪的文筆、寫法，寫得興起，對細節一點不肯放手，那種寫法不是寫通史的筆調，通史的筆調是執簡馭繁，是有一套功夫的。真要寫通史，要在文章上下功夫。從前崔述寫《考信錄》，花三年的時間學韓愈的文章，然後才能寫，寫通史也要在這方面下功夫。

時：有學者曾經問過我：為什麼余英時不寫通史？

余：通史很重要，我也不是完全沒有過寫通史的衝動。但是我自己覺得花幾年時間寫通史，還不如在某一個特別的領域用幾年真正深入地研究，可以產生新的知識，不僅是綜合已有的知識。通史必須盡量求全面，許多專門領域，自己不甚了了，也得涉及。這也是我不敢下筆的一個原因。一再考慮，我還是覺得把有限的時間用在專題研究上，貢獻較實在。只要所選專題很重要，即可由專中透出通貫的見解。譬如我花了好幾年時間寫成《朱熹的歷史世界》，我自覺打通了宋代政治與思想之間不少隔閡，也有助於「通」。這是以「專」濟「通」。

我絕不是不重視寫通史。我是學歷史的，基本上講的就是「通古今之變」的問題。古今怎麼變化，那必須有一個整體的構想。在古今之變中，就有具體的如何「通」的問題。我不寫通史，往往集中精神研究每一個時代的特殊問題。但「通」的觀念永遠在我心裡。我願意借這個機會說明，中國古代「通史」的觀念和現代教科書式的通史，不是一回事。

傳統的觀念預設著一種全能的超越觀點，好像上帝一樣，可以看到全史的整體，所以在「通古今之變」上面還要加上「究天人之際」。史學家是人，人一定在地上某一個時空交叉點上，就會受我的時空交叉點的經驗所限制，不可能看到想像中上帝的眼光。哪一個史學家不是在時空交叉點上活著呢？離開時間和空間，能夠存在嗎？

時：你的唐代研究進行得怎麼樣了？

余：我現在看唐代相關的書，看完以後再看看要不要寫什麼東西。因為春秋戰國、漢、魏晉、宋、明、清、現代各種時代我都寫過專書或論文，還沒有寫過唐代，我要把唐代補起來，這樣就連起來。我想看看唐代的詩人和禪宗，這是兩個精神界的領袖。中國唐代最高的不是理學家，也不是經學家，而是禪宗和尚，創造了宗教。另外就是在唐代引人注意的詩人，因為詩人是領導一代精神的。我也注重中國的精神史，希望用我個人的觀點把中國精神史貫通起來。不是說人人要接受我的看法，而是我自己要求一個貫通性。也不能說中西貫通，只能說我個人貫通。我自己需要有一個通盤的瞭解，為我自己。這是個人來講，不然的話，就誇大了。

（原載《時代周報》，二〇〇八年十一月十八日、十二月一日）

歷史研究要恢復「人」的尊嚴

採訪者：李懷宇

美國普林斯頓郊外樹林裡一幢獨立的房子，屋前有一個小魚池，屋後有一片小竹林，格局與一般美國家庭不同。屋中大書房上掛著鄭板橋的書法「小書齋」。

小書齋的主人余英時先生在這裡安靜地著書立說，影響卻遠及整個華人世界。余先生曾用這種情況來形容歷史人物康德和胡適：在近代西方哲學史上，哲學家中有人與康德立異，也有人和他同調，但絕沒有人能夠完全不理會他的學說。今天，學術界也將這種評價用於余英時。

在余英時的歷史世界裡，總是以「人」為本。在他看來，把「人」變成「分子」會有意想不到的災難性後果。從二〇〇二年起，他極力避免一般常用的「知識分子」，而一律改用「知識人」，盡量恢復「人」的尊嚴。

重尋學術歷程，錢穆和楊聯陞對余英時影響深遠。余先生說：「錢先生給我關於中國傳統學問的基本指導，要我在經、史、子、集上選取最重要的原典下扎實的功夫，必須做到『好學深思，心知其意』的地步。有了這個基礎，以後才能自已發揮。絕不能書未讀通，便搶著想表現，急於發表文章。」至於楊先生的教導，他說：「楊先生知道我已在錢先生門下受過薰陶，所以開玩笑地說我是『帶藝投師』。因此他教我另外一套治學方式，也就是現代西方學界——包括『漢學界』——的普遍規矩：基本材料當然是原始文獻，但原始文獻中有許多地方必須用現代的眼光去理解，讀者才能明白，這就得考證和分析，不能不負責任地引用經典原文，便算了事，更重要的是，研究任何一個歷史上的大問題，其中都涉及無數次一級的小問題，有些是現代學人已研究過的。你必須廣讀相關的他人著作，英文、法文、日文等不能放過。這些是所謂第二手的資料，別人已解決了的問題你不能不知道，那是會受同行譏笑的。所以我很有運氣，兩位老師各教一個方面，恰好互補，綜合與分析並重。這是可遇不可求的機緣。」

二〇〇六年獲得有「人文學諾貝爾獎」之稱的克魯格獎，在余先生看來是機緣巧合，不可強求的。「許多外面的東西我認為都不必去求的。我早已決定自己的真生命便是求知識學問，我也沒有別的才能。至於將來得到什麼榮譽，這是自己做不了主的。我對自己做不了主的事情，一概置之不問，等於不存在一樣。我只要夠吃飯就行了，用不著蠅營狗苟去追求這個追求那個。」

他對權力也有獨到的看法：「權力對我毫無意義，我做了兩年新亞書院院長，自知與性情不合，便斷了搞行政的念頭。那時候我才四十幾歲，若把學問丟掉，處理人事，那是捨己之長，用己之短，浪費我的真生命，校長雖然有些權力，但是我不知如何使用它，不認為這是人生的價值所在。我覺得學歷史的好處不是光看歷史教訓，歷史教訓也是很少人接受，前面犯多少錯誤，到後面還是繼續犯，因為人性就是大權在握或利益在手，但難以捨棄，權力和利益的關口，有人過得去，也有人過不去。所以我認為讀歷史的最大好處是使我們懂得人性。」

「我對傳統文化有參與的體驗，不是從書本上得來的」

記者（以下簡稱記）：我看過你寫的《我走過的路》，瞭解了一些你小時候在安徽潛山縣官莊鄉的生活，那種經歷的印象似乎跟你的同代人有些不同？

余英時（以下簡稱余）：我很幸運，我的教育一般講是「失學」，從一九三七到一九四六年的九年時間裡，很少正式上學，小學中學都是分散地上過一兩個學期的學校。

嚴格講，我沒有受過正式的學校教育。一方面，這是一個很大的缺陷，另外一方面，我無意中在鄉下生活那麼多年，我懂得中國傳統社會是怎麼樣的，這是後來才發現的。

這一段是跟我這一代研究中國的人很大的差別，所謂「差別」就是他們都是在都市長大的，他們談到中國鄉村種種，都沒有切身經驗。

傳統社會的種種生活是怎麼樣的？所謂地主跟農民到底是什麼關係？我並不認為地主和農民就是兩個截然不同的階級，彼此不能容忍、對立的。在我們安徽那一帶，是實行永佃制的，佃戶只要租了你的田，你不能趕他。他有保障，等於是美國大學教授在某一時代拿到長期聘約，是終身的，而這是世襲的。地主不能欺負佃戶，他交得不多，也就算了，沒有什麼辦法。我在桐城縣舅舅家裡，看到他去收租，看佃戶打稻子，打稻子有藝術的，他們打稻子不乾淨的，有三分之一還在裡面沒打出來，地主一點辦法都沒有的。有些租你的田的佃戶還是你的叔叔輩，你過年過節還要跟他磕頭呢，這就是階級界限減輕了。當然，中國地方很大，也不是所有地方都是這樣。

記：王元化一九九一年回憶錄中說，在夏威夷開會時他談到中國的農民問題，引起了你的批評。你說抗戰初在農村住過，所見到的農民都是很質樸老實的，他則以一九三九年初在皖南新四軍軍部的親身經歷為例申辯。

余：我說中國這麼大，不能說沒有衝突，各人所見是不同的。有的是佃戶欺負地主，地主如果是孤兒寡婦，那是沒有辦法的；地主如果是很強的退休官員，有勢力，欺負佃戶也是有的，那是不能一概而論的。

王元化的這個回憶錄我看過，但我們後來也沒有為這些問題去爭辯了。我常常說，中國這麼大一個社會，比整個歐洲還大，不可能每個地區都是一樣的。

記：抗戰期間在鄉下的生活體驗對你的影響有多大？

余：我自己也不一定理得很清楚。但至少我對傳統文化有參與的體驗，不是從書本上得來的。

所以人類學家、社會學家的中國調查，在我看來有隔靴搔癢的感覺，並沒有真正抓住生活的經驗，精神（內核）抓不住，（抓到的）只是表面上的、數字上的。因為社會學調查通常都是問卷方式，然而中國人的問卷跟西方人的問卷不一樣，中國人答覆常常不可靠的，不給你說真話。外國人答的問卷確實是真實的，他們有這個傳統的。中國人就怕我這個話說錯了，將來出毛病，要保護自己，許多話都不肯說真的，或者有相當保留的，甚至於歪曲的。有一位人類學家在印尼華僑社群做過問卷調查，但他發現兩次問卷，同一問題都有先後不同的答案，他很困惑。

記：後來你能用文言文來寫文章，是不是當年在鄉下受教育打下的基礎？

余：當然，我學的是文言，沒有什麼白話的。

記：很有意思的是，胡適和陳獨秀都是安徽人，可是他們所鼓吹的五四新文化卻在安徽沒有多大影響。

余：沒有什麼影響的。五四運動影響的層面大概都是城市裡面，有些是大學生、中學生之類，當然還是有些別的。我記得胡適在一九二〇年或一九二一年有一個考北京大學的問卷，問「五四運動」，沒幾個人答對的，可見我們誇大了「五四」的影響。說「五四」是不得了的影響，像洪水猛獸一樣，流向全國，其實有點誇大，但在少數知識人圈子裡面影響很大，因為這些人都是寫文章的，看來看去都覺得不得了——說是思潮，但真的是「潮」嗎？因為整個社會並沒有動啊，所以這就是胡適老要奮鬥的原因。

記：在老家鄉下時有沒有接觸關於西方的書籍？

余：根本沒有碰到。

記：你父親余協中先生的專業是西洋史，對你的影響大吧？

余：當然，我對西洋史有興趣是從他那兒來的。他當初寫過《西洋通史》，在中國還是很流行的，後來我還拿到兩本，（不清楚）是新加坡還是台灣印的。因此我不光對中國史有興趣，還對西洋史有興趣，看看西洋史是怎麼變化的。我用比較的觀點來看歷史，很早就跟家庭背景有關的。

「進了新亞書院以後，我就決定將來研究中國史」

記：你的父親原來跟錢穆先生有淵源嗎？

余：沒有太大的淵源。原來我父親在瀋陽辦中正大學的時候，還決定請錢先生去教書，錢先生當時還答應了，後來沒有去成。到了香港以後，我父親就說：錢穆先生現在這兒辦新亞書院，我送你去念書吧。我那時候想著好好去念一念，大概是一九五〇年，從一二月待到六月。我那時候心裡還沒有打定心意是否在香港待下去。

記：那時候新亞書院是不是非常簡陋？

余：根本談不上，就是一個普通樓房的兩層，學生也不過三四十個人。

記：錢先生考你的經歷還是非常有趣？

余：他出一個中文題目，還讓我再寫一篇英文的作文。

記：那時候錢先生的英文水平有多高？

余：英文不是很高，但普通的東西可以看的，他在抗戰時期讀過英文《聖經》和西方史教科書。

記：師從錢先生對你後來的整個學術生涯的影響很大？

余：這個影響並不像外面想像的那樣：他給我傳道，傳什麼儒家精神之類的。不是這樣的。他就跟我講中國歷史怎麼學，對中國歷史什麼看法，純粹是學術性的，不是一個價值觀念傳授的問題，是怎麼樣做學問，怎麼樣寫論文。這是錢先生教給我的辦法。而且說老實話，錢先生那時候心情也不好，教書也沒有好多心思，常常要去台灣找經費。

記：羅忼烈先生告訴我，那時候新亞書院沒有多少學生。錢先生的薪水只有一五〇元港幣。錢穆、唐君毅、張丕介三個人一句廣東話都不懂，羅先生當時在培正中學任教，錢先生希望他能抽空到新亞書院幫忙，但是培正中學的聘約規定不能兼職，只好作罷。

余：錢先生沒有錢，只有一個香港商人出了大概一萬美金。頂下了兩層樓，我們學費都交不起，後來我的成績比較好，算是免費的。書院學費收入也沒有，非常艱苦，他們就靠自己寫稿。後來錢先生到台灣去交涉，最後蔣介石從「總統府」裡撥出五百美金一個月，也就才三千港幣，靠這點錢維持學校，維持兩個工友都很困難的。每個先生教書，大概只有二十塊錢一個鐘頭。那時候的困苦是（現在）不能想像的。

記：你在錢先生去世之後寫過兩篇重要的悼念文章，我特別感興趣的是，當年在新亞書院讀書時，對他的學術思想和治學態度是怎麼看的？

余：這個很難講，我覺得錢先生是一個腦筋很靈活的人，不是一個呆板的人。他也對西方做學問的方式很瞭解，而且也很欣賞，他不是一個守舊派，在學術方面他很開通的。所以他教我們念書的時候，我給他做筆記，他就說：你另外一面空著，看看別人寫的同樣東西，記下來，比較一下異同。他從未說他的《國史大綱》是定論，不必再看他人寫的通史了。這個態度不是傳道的態度，也不是傳教的態度。他是真正講學術，而且跟西方的學術態度融合在一起的，這是錢先生非常了不得的地方。

但是，我常常講，由於錢先生授課常受學校事務的干擾，我主要受益於私下向他請教，得到不少指點。

記：從文章來看，錢先生應該是一個比較溫和的人。

余：對，是一個溫和的人。另外一方面，錢先生是個性很剛強的人，非常強，不屈服的。他是所謂「外圓內方」，外面他總是很客氣，很周到，很禮貌，但在某些原則上他是不讓步的。包括耶魯的雅禮協會要給錢，他也不想把新亞書院辦成宗教學校，他說：美國的教會學校我就不接受了。

記：一九五一年，台北發生在聯合國同志會演講而禮堂倒塌的事件使錢先生頭破血流，昏迷了兩三天，幾乎死去，有一段時間在台北養傷。因此，在新亞書院讀書期間其實你們接觸的時間並不是很多？

余：在畢業以前，我們接觸的機會並不多。他常常到台灣去找錢，課就不上了。等到一九五二年六月，我畢業的時候，錢先生在養傷，到秋天才回來。畢業以後我反倒跟他談得多一點。有時候我父親母親也常常請他到海濱去喝喝茶，常常談一天的。

他的《師友雜憶》的那些故事，從那時候開始我就已經聽到了，我也勸他寫下來。他的記憶力也非常了不得的，晚年眼睛瞎了，就靠回憶，這些東西大體上去查證，都很準確，次序井然。有一次講胡適在北大為了蒙文通的事情，跟他談到中午，胡適要解聘蒙文通，錢先生不贊成。後來我在胡適日記裡一查，確實如此。有些抗戰時候的事情，我在吳宓日記也查到了，也是相當準確。

他有些話很有意思，他說：人的記憶才是他的真生命。真生命才能記得，如果忘了，就不是在生命裡很重要的。我跟錢先生談的都是怎麼研究中國思想史、中國學術史。他是學與思並重，是學者也是思想家。

記：那時候你已經決定了畢生致力於中國思想史、學術史的研究了嗎？

余：那時已經決定了。進了新亞書院以後，我就決定將來研究中國史。雖然我也念有關西方的東西，我當時就感覺到我不能光看中國的東西，要有個比較世界性的眼光，對西方的歷史，西方的思想，後來當然包括政治思想方面像民主自由的思想都要考慮。不過我最早很注重社會史，甚至經濟史，我不信經濟基礎「決定」一切，想自己另作研究，早期的作品反映了這一點。

「人文著作尤其需要通過時間的測驗，轟動一時之作，未必真站得住」

記：在香港接觸了更多西方的思想以後，到哈佛留學的願望強烈嗎？

余：沒有。我沒有任何強烈願望，這是我的特色。

剛好哈佛燕京學社的訪問學人計畫在一九五四年寫信到新亞書院要徵求

人，第一年錢先生提名的是一個和胡適之先生同時留學的老先生陳伯莊。陳伯莊是廣東人，對杜威哲學感興趣，但是他那時候年紀太大，哈佛燕京學社那時候要求在四十歲以下的學人，他老先生跟胡適之同年，都六十多歲了，哈佛燕京學社就沒有要他。

第二年哈佛燕京學社又來邀請了，錢先生認為新亞書院沒有什麼人了，老的太老，小的太小，所以新亞就把唐君毅先生和我兩個人都提上去了。唐君毅先生那時已經四十六歲了，我才二十五歲，他過頭，我不夠，兩個人的資料都送到哈佛燕京學社，最後他們說：找個年輕的吧。我就這樣去了，我根本就不認為我去哈佛燕京的可能性有多少，等他們的通知來了，我才知道我居然有這個機會，我事先根本不知道有這個計畫。

錢先生的一位秘書伍先生是耶魯畢業的，他問我要資料，我才知道這個事情。就像這次得獎（美國國會圖書館頒發的「克魯格人文與社會科學終身成就獎」），原來我毫無所聞——這並不是說我清高，我的意思是沒有什麼強烈願望，一定要追求一個東西，這不是我的性格。我覺得這樣做沒有意義，這是美感的問題。我覺得這樣很不美。

記：在一九五五年之前，你看過楊聯陞先生的文章嗎？

余：根本不知道他這個人！錢先生知道楊聯陞，也沒有跟我提，我也無從看起，他寫的都是英文文章，登在《哈佛學報》，我都沒有看過《哈佛學報》。

我記得我從舊金山飛到波士頓，是哈佛燕京學社的副社長來接我飛機的，他就問我知不知道楊聯陞？我說：不知道。我不撒謊，沒聽說過就是沒聽說過。後來幾個朋友帶我到楊聯陞先生家裡坐，和他談談，楊先生的學問非常好，我很佩服。我後來報告錢先生這個事情了，錢先生說：楊先生是清華學經濟的，專治經濟史，學問好。這時我才知道楊先生。我也不知道他研究什麼，見了他兩三天以後，在費正清家中的茶會上，和楊先生談起來，我還問他：你現在專門研究什麼東西？後來傳為笑話。

這並不是我看不起楊先生，我根本不知道他，不知道怎麼可以亂講話：久仰久仰。跟他沒有見過你就久仰什麼呀？這話我說不出來。我一跟他談話就知道他學問淵博，並不知道他是什麼人。

後來我寫東漢士族大姓與政權，有人告訴我：楊先生寫過很長而且很有名的文章，日本人都注意了。我才知道，所以我的文章寫完以後，請楊先生看一看，他借給我兩本日本書，說日本研究得很多。他很擔心我的文章內容是他已經講過的，等他看完說：你這個跟我的不一樣。雖然是閉門造車，但是跟日本人的並沒有重複。他讀我的稿子時，我也同時在讀他很有名的文章──〈東漢的豪族〉。他講了東漢一代，我當然開了眼界，但我講的是兩漢之際那一小段，而且特別注意「士族」，和一般的「豪族」也不同。這是我未做楊先生的學生以前跟他的交往。

楊先生為人非常厚道，非常愛護年輕人。自己做學問是日夜不息，非常用功，所以胡適之先生對他的期望非常大。

記：據說，胡適先生當年說在哈佛有兩個讀書的種子，一個是周一良，一個是楊聯陞。後來一個回到中國，一個留在美國。

余：這是傳的話，他的日記沒有這樣說。他說：哈佛有許多年輕的學者，都是可以談學問的，對周一良、楊聯陞特別欣賞，希望他們在北大復校的時候到北大來教書。他兩個都請了。可是周一良先生是拿燕京大學的錢，所以必須回燕京去服務。楊先生本來已經決定接受北大的聘書了，但是哈佛大學剛好要找他教書，他就說：我要看胡先生放不放我。胡適後來打電報，同意他接受哈佛的邀請，將來什麼時候願意回來就回來。楊先生也很感謝胡先生。

記：楊聯陞先生得精神病是怎麼回事？

余：那可能有遺傳的關係。按照楊夫人的說法，他們楊家上一代有這種病。當然，美國生活很緊張，在美國什麼都得自己管，我在這兒生活，如果不是我太太什麼都管，我根本沒有辦法專心做研究。美國的生活實在很辛苦的。而且，在美國做個教授，每年必須發表文章到一個程度，如果幾年沒有什麼成績，那別人不說話你也心裡過意不去。現在教授每年都要填表的，去年發表了什麼東西，今年發表了什麼東西。在美國每天都得敬業，不能靠一舉成名，以後再也不用幹了。在中國有個特色，只要你一次出名，你一輩子都靠那個了，這在美國做不到的。

所以楊先生受到的壓力你可想而知，他一個人獨立地寫書評，各種各樣都得寫，藝術史、考古、語言、中國史、中外關係史、科學史都得評，那都得花多少工夫？所以胡適之就說你太辛苦，希望你能輕鬆一點。他到四十多歲的時候就精神崩潰了，以後當然恢復過來，但是反反覆覆過兩年又不行了。

那時候要（用）電打頭腦（的醫療辦法），楊先生告訴我，這東西是五雷轟頂。我對楊先生是非常同情的。

記：美國學界對楊聯陞先生的學術成就是怎麼評價的？楊先生的很多作品是書評。

余：也不然，他的論文相當多，幾十篇。他到四十五六歲之後，基本上不能做大規模的研究了。當我初來的時候，大家都認為他是漢學界「第一人」。我記得他病的時候，我代他教書，用他的書房，我看見費正清給他條子：你就好好休息一年，你還是第一人，你放心好了。給他安慰了。當然，我來的時候，是他最高峰的時候。在一九五八年或一九五九年以後，他的身體就差了。

楊先生閱讀的漢學範圍很廣，尤其在日本方面，他如數家珍。許多大史學家、文學家對他都非常推崇的，像法國的戴密微。我說老實話，作品不在多少。他有許多論文都有開創性，影響很大。

記：傳說梁啟超推薦陳寅恪時說：陳先生寥寥幾百字比我著作等身更有價值。

余：人真正傳下去的東西不會太多的，不可能的。你想，尤其在自然科學或者數學，像得諾貝爾經濟學獎金的納什（Jr. John Forbes Nash），就是《美麗境界》（*A Beautiful Mind*）的主角，早年只有一兩篇論文，大得不得了，才到中年就得了神經病，什麼事也沒做，晚年還是得到承認，得獎還是全靠早年的論文。

當然，人文研究不太一樣，需要更長時間才會成熟，著作量也比較重要，不過著作等身的人，真能傳世的也不過幾種而已。人文著作尤其需要通過時間的測驗，轟動一時之作，未必真站得住。

記：身後之事誰能管得著呢？

余：中國的文人都是難免受到「三不朽」的影響，立功、立德、立言，其實大可不必在這上面費心思。

（原載《南方都市報》，二〇〇八年七月九日）

史學研究經驗談*

採訪者：邵東方

邵東方（以下簡稱邵）：今天很難得有機會請余英時先生談一談自己在中國學術史發展研究過程中的一些思想軌跡、經歷以及經驗體會。我想先請余先生大致說一下最近在日本的《思想》雜誌上發表的講演中的主要內容，尤其是與

* 本文根據二〇〇八年十月三日史丹佛大學東亞圖書館館長邵東方於余英時先生普林斯頓寓所所作訪談記錄整理。訪談稿或有疏漏錯誤之處，當由整理者負責。

思想史、通史有關的一些問題。

余英時（以下簡稱余）：我們可以就我這幾十年來研究中國文化史、思想史的一些過程或者一些問題隨便談談。你大概對我發表的中文的、英文的著作都比較熟悉，我想最好的方式也許是，你提示讓我講什麼問題，我就這些問題談一談。若是我一個人單獨說話就容易單調，大家或許會昏昏欲睡，我想我們還是讓談話輕鬆一點。去年日本請我去參加他們中國學會的年會，那是他們關於中國研究的最大的一個會議。此前中國人在那裡演講過的好像只有胡適，他的演講是在一九二七年，我去的時候是二〇〇七年，間隔整整八十年，這也是很有趣的事情。我在那裡講了我研究思想史的幾個階段，這是他們提出的問題，問我怎樣進行研究，我就從先秦一直講到明清。這就是後來你看到的那篇文章。[1]

邵：這篇發表的講演稿基本上是根據您當時的錄音記錄整理的嗎？

余：不是錄音記錄，是我先寫出來的。因為日本人要看到文章才能翻譯，他們一定要我寫出來，我就初步寫了一個稿子。我講的時候可能比這篇講演稿詳細，但是時間也不長，只有一個多鐘頭。我的基本意思是說，我們研究中國的東西，現在面臨這一百多年來一直面臨的一個困難。什麼困難呢？就是我們不能像從前那樣老是用經、史、子、集這種方式研究了，因為我們已經進入所謂現代的學術階段。我想最大的問題，就是我們提出的問題及研究的方式都慢慢跟西方融為一體，很難分別了，實際上我們都是用西方的方式來研究中國的東西。這就引起許多問題，最大的一個問題就是你很容易削足適履，把外國的東西當作一個模式，把中國的材料盡量剪裁放進去。那是毫無困難的，你可以用任何方式，拿任何一個西方的理論，將中國的材料堆放在一起，然後把自己需要的材料挑出來，套進這個理論模式裡面去，不管這些材料跟其他部分有無矛盾。這就是我們研究中國史學——特別是在「五四」以後——所遭遇到的最大困難。「五四」時期尚有一個好處，就是他們基本上還是接受了乾嘉學派的研究方法，找一個專題來研究，這樣問題就比較小。如果要解釋中國從古到今的全部歷史，從孔子甚至孔子以前一直到現

1　詳見《史學研究經驗談》（上海文藝出版社，二〇一〇）中的〈綜述中國思想史上的四次突破〉，文章另題為〈我與中國思想史研究〉，收於本書頁二五一—二七六。

在，是怎麼演變的，又能劃分為多少階段，就很難跳出西方已有的模式。這個模式是根據西方歷史創造的，西方的希臘羅馬、中古、文藝復興一直到現代，都有其階段性。這種階段性我們中國是沒有的，把中國歷史人為劃分為古代、中古、早期近代乃至現代，都是非常勉強的，因為中國歷史不一定包含這些階段。雖然上古、中古這些名詞過去都是有的，但實際上並沒有這樣的階段。從前我跟許多中國國內的朋友談過。比如剛剛過世的王元化先生，他很同意我的一個看法，就是我們必須在中國史料裡面找它本身的脈絡，只有這樣才能追溯中國的歷史，不管研究的是政治史、經濟史、文化史還是思想史。

邵：這一點還是比較重要的。

余：我想這相當重要。今後我們要想打開局面，一方面要融入現代學術思想的研究方式，另一方面又要避免為西方某些既成的模式所限制，或者變成它們的注腳，這是我們一定要注意的。找一個西方公式填入中國的材料，那是最沒有意義的，而且這樣做出來的東西我想三五年以後就沒人看了。

邵：也就沒有學術價值了。

余：學問也做不下去了。

邵：例如生搬硬套人類社會發展五個階段的理論模式。

余：是啊。

邵：那您在這方面是否試圖突破？

余：我們年輕的時候總是野心勃勃，希望各方面都照顧到。像我年輕的時候，比如說早期在新亞研究所跟錢穆先生念書的時候，主要是對社會經濟史比較有興趣，如社會經濟文化等。我寫的第一篇正式的學術論文差不多有五六萬字，講東漢士族大姓是怎麼建立起來的，他們跟社會變化以及東漢政權的關係等等。那時候當然受到馬克思主義這套理論的影響，也希望從社會基礎來看上層建築。當然我並沒有接受那樣的公式，只是覺得應該注意到社會方面，因為社會方面也影響思想方面，以及人對文化的看法，甚至會對某個政權選擇依靠什麼樣的勢力產生影響，這些都不是很簡單的事情，要根據原來的史料去重新建構。我那時候走的就是這樣一條路。不過隨著時間的推移，特別是到美國來以後，慢慢地，所謂社會經濟作為一種下層基礎對於上層建築發生影響，這樣的觀念越來越薄弱，甚至於都沒有了。不僅我沒有了，你看時下現在西方的新馬克思主義派，像前十幾年流行的「新歷史主義」，根本就不承認有上層建築了，所謂上下層建築的分別也就沒有了。所以在這方面不僅我一個人變了，大家都在變化，我想我們目前看歷史是多方面的。

邵：思想是能夠相對獨立的。

余：我本來的想法是每一方面的研究都可以進入，如果能多進入幾個方面的研究，如社會、政治、經濟、文化等，即可考察這些方面跟思想方面的關係，也就是把幾個方面綜合起來研究。但這不是一個人能做到的，特別是中國歷史那麼長，一個人不可能完成這樣繁雜的工作。所以只能找重點，我找的重點就基本上說，首要的方面是要注意中國歷史長期的連續性，因為中國歷史的連續性跟西方相比是很明顯的。西方歷史可以進行很清楚的階段劃分，從希臘、羅馬開始，每個階段都不一樣，到中古又完全是另一個階段，文藝復興以後面貌又一變，然後是宗教革命、科學革命、工業革命、民主自由運動的興起等等。但是中國看來看去好像都是朝代的變遷，只是循環而沒有變化。其實這麼說也不對，朝代循環之說根本不能成立，因為朝代本身只是一個記錄，某個朝代並不一定代表某個階段，其本身並不是階段性的。

我們現在研究逐漸多了，受到西方、日本等方面的影響，特別是日本，因為他們的漢文比較好，比西方學者要占優勢，他們的研究也慢慢影響了中國。比如從前陶希聖先生編的《食貨》，實際上是受到日本的影響；中國的馬克思主義學派根本上說都是從日本來的。從這些方面就可以看出來。日本人的許多研究，比如把唐宋說成是一個大變革的時代，這在日本幾乎是盡人皆知的。現在中國也有人討論這個問題，就是唐宋變革論，認為唐宋是一個大變化。事實上明清也是一個變化，儘管它們是兩個朝代，但從社會、經濟、文化等各方面看，它們有連續性。明清在十六、十七世紀以後又有個大變化，這是我研究思想史得到的一些結論。從最早的孔子時代講起，大家都承認春秋戰國是中國歷史上第一個大變化的時期，其後的秦漢時代又有一個變化。但是魏晉時期中國分裂了。有人說中國始終是統一的，那也不然，其實中國歷史上分裂的時間加起來比統一的時間長，至少兩者差不多。因為殷商還不能算真正的大統一，真正的統一是在秦代以後實現的，你看秦以後分裂的時間有多少，例如南北朝以及五代十國。

邵：還包括北宋跟南宋。

余：實際上大家認為南宋是南北朝的繼續，是第二個南北朝。所以分裂跟統一是政治上的事情，對一個歷史發展階段而言，政治上的意義並不很重要，重要的還是文化、經濟上的變化。因為經濟直接關係生活，並不是經濟決定了文化，但是它對文化是有直接影響的。這就是我想要強調的東西，即希望從各個方面來研究歷史。我剛好研究某幾個方面，別人如果從不同的方面進行研究，同樣可以看到某些變化。這些研究成果累積多了，融貫起來，我們就可以建立一個大敘事，就是外國人所謂 grand narrative。Grand narrative 不是不變的，而是 open ended，它是永遠開放的。如果我們研究多了，那個敘述就要改變，這種改變就是史學的進步。史學的最大特色，在我看來就是它本身不是一個單獨的學科，而是要吸收各種學科的成果，包括自然科學、社會學、哲學、社會政治學、經濟等各方面，只要是有關人的活動的研究，史學都可以用得上。所以歷史是一門綜合性的學問，你的準備越充分豐富，你的研究條件就越好，換句話說，你就多了很多副觀察世界的眼鏡。如果僅僅用一副眼鏡，你只能看出一個面貌。而如果你有很多副眼鏡隨時換著看，就可以看出不同的面貌來。在不同的面貌中間，你可以找出中國歷史上某些大的變化、大的階段，我想這就是我們要建立的東西。可惜我們從「五四」以後是想這樣做，但事實上沒有做到。沒有做到的原因有很多，其中之一就是意識形態對我們的影響太大了，我們太拘泥於某種一家之言，把西方的一家之言變成放之四海而皆準的普遍真理，這就發生問題了。所以我們現在最要緊的是不要跟西方任何一個調子起舞，也不必故意跟它為難。只是我們要先看大量的資料，從中可以看出許多變化的線索。

比如說我研究明清士商關係，就是先從各種文集、筆記中看出一些變化，然後再討論商人階級是怎麼興起的，以及士商這兩個群體（或階層）為什麼會變得密切相關。商人家庭出現了許多念書人，念書人中間不成功的就去下海做事，經商的很多。所以上世紀九十年代中國知識人下海那種事情，這可以說是有歷史根據的。我就是這樣從大量的資料裡面看出中國歷史本身的線索來的，但是這並不表示你一定要套用什麼中國歷史從封建到資本主義之類的理論。資本主義根本是一個很特殊的東西，是西方所獨有的，它是由法律問題、宗教問題等等加在一起形成的，絕不是在中國出現了做生意的人就說明中國有了資本主義。中國跟西方有共同的東西，可以說市場經濟或者很複雜的市場經濟的變化是雙方都有的。你可以把市場經濟統一起來，講西方的市場是怎麼樣的，中國的市場又是怎麼樣的，但是你不能說中國也必須經過資本主義階段。事實上中國根本沒有資本主義階段，也沒有資本主義萌芽。這是我跟一些大陸學者區別很大的地方，我並不是要反駁他們，但我想時間久了，他們那種理論是站不住腳的。

邵：中國國內當時編寫了很多關於資本主義萌芽問題的論文集。

余：我知道，實際上那些東西我都仔細看過，裡面有許多東西勉強得很，都是硬把西方的東西做指導，拿經過選擇的材料勉強去湊合它，這樣湊出來的東西是非常不成熟的。

邵：當時討論封建社會農民戰爭以及封建土地所有制形式等等，即所謂史學界的「五朵金花」，大部分是屬於這種情形。

余：一九七八年我訪問中國的時候，人們又開始討論歷史分期的問題，我覺得那實際上是同樣的話題在不同的時期出現，並不是有所改變或突破，就是完全套用西方某一種理論。這是很自然的傾向，如果對西方的東西不熟悉，你就很容易拿一個既成公式來套。我們接受了達爾文（C. R. Darwin）的進化論以及斯賓塞（Herbert Spencer）的社會進化論之後，就很容易接受一種所謂實證論（Positivism），最有名的就是法國的孔德（Auguste Comte）。實證論把人類史分成幾個階段，什麼神權、君權之類，或者是漁牧業、農業、工商業，這樣勉強的分類，我覺得是很成問題的。西方的理論可以參考，但不能拿來作為研究歷史的一種指南，所以我認為我們研究中國首先要參考西方的模式，但不是全盤接受他們的模式。

邵：剛才您講的大部分還是以中文寫作為主的華人學者應該做的努力，在這方面台灣學者做得比較好一點，大陸的年輕學者也在不斷轉型，您的一些著作產生了相當大的影響。但我覺得以中文為學術語言的中國學研究，與西方學者研究中國學還是有相當的差別。

余：實際上是有差距的。對西方漢學，我們也不能一筆抹煞，西方人如果經過很好的研究院的訓練，比如史丹佛、普林斯頓或者哈佛、耶魯等大學，如果有很好的教授給他們很好的指導，他們也可以具備讀中國書的能力，看中國古書看得非常認真。因為文化背景的不同，他們還能提出不同的問題，這些問題是我們平時不大會想到的。並不是他們比我們聰明，而是擁有不同的文化背景的人自然會產生不同的想法。不過問題也出在這裡，就是他們往往把自己文化裡面引申出來的問題不知不覺地強加於中國身上，這是很難解決的。所以我們完全根據西方漢學的研究來研究中國，是很不妥當的，就像我們不能完全以日本人的研究作為我們的標準。但這些都是可以參考的。西方人還有一點——也不能說他們有文化優越感——他們覺得自己的訓練與理論為東方人所不及。抱有這樣想法的人是有的，但是不必把個別人當成整個漢學界來看，漢學界也有許多人很謙虛，很願意向中國學習。中國自己做出成績來，西方自然會接受，會受到影響。我在上世紀五十年代來到美國，在後來的十幾、二十年間，發現許多中國上世紀三十年代最好的研究都慢慢被西方接受了，雖然不是直接翻譯過來的，但是影響明明在那裡。比如陳寅恪的東西，西方研究隋唐史、六朝史的人雖然不是完全接受，至少都要以它為重要的參考。比如荷蘭有名的許理和（Erik Zürcher）的研究著作《佛教征服中國》（*The Buddhist Conquest of China*），讓他變成荷蘭的國寶，他那個東西的大架構基本上可以說是繼承了湯用彤先生的《漢魏兩晉南北朝佛教史》。當然並不是照抄，他確實經過了自己的研究，研究梵文、巴利文，研究原始經典，也參照中國《易經》的各種翻譯，但是他基本上受了湯先生的影響。

邵：他們並沒有直接的師承關係。

余：沒有師承關係。所以我認為，中國做得好的研究，自然會慢慢在西方或日本受到重視，這點不必擔心。

邵：還有一種情況，當然我的觀察可能不一定準確，就是有一些受到華裔前輩學者影響比較深的漢學家，他們的治學方向跟純粹受西方學術影響的漢學家又不太一樣。比如像倪德衛（David Nivison）先生，他是跟隨洪業（煨蓮）先生、楊聯陞先生學出來的，所以他在文獻方面很下工夫，跟單純追隨近代一些西方學者的人在學術路數上可能有所區別。在這方面，一些學者是不是受到師承關係的影響？

余：這是有關係的。就說早期中國的學者在西方漢學界的影響，以哈佛為例，楊聯陞先生的影響很大，他指導了很多學者、學生。洪業先生雖然沒有直接教書，但他指導的人也相當不少，比如倪德衛先生很早就跟他在一起討論，在章學誠這個問題上受到他很大的啟示。當然倪德衛先生也在日本受過島田虔次等人的影響。許多年前島田先生還在世的時候，我在他家裡聊天，他還記得倪德衛先生是如何好學。西方像倪先生這樣第一流的全心全意研究中國的人，對文獻的掌握的確比較切實。

現在有一種現象，有時候受後現代、後結構主義、後殖民主義等等思潮的影響，慢慢地也出現了虛浮的一條路，但這樣的東西並不是很多。這些東西大概跟文學、哲學關係比較密切，研究歷史則很難弄出什麼特別的花樣來，除非你否定歷史有客觀性，認為沒有東西是客觀的，一切都只是語言表述的問題，這樣的話就根本不必研究歷史了，所以我想真正的史學界包括西方主流的史學界也不會接受它。他們只會考慮後現代的某些說法，但是不會把它們當成一種多麼大的障礙。我覺得我們一些中國人有一個大問題，就是常常追逐西方潮流，什麼東西在西方流行，我們中國馬上就要有，例如什麼女性主義、種族問題、階級意識等等。如果執著在某一點上，你就很麻煩了，看來看去都是那個東西。所以你要以寬廣的眼光、博遠的觀點去研究歷史，這樣你的收穫會比較切實。

邵：是這樣的，一些比較新的理論的代表如海登．懷特（Hayden White）過去經常來史丹佛講課，還有在史丹佛任教、去年過世的理查德．羅蒂（Richard

Rorty）。但是對於他們，傳統的哲學系都是採取一種牴觸、排斥的態度，他們都在比較文學系任教，這類學系的思想比較新潮。傳統的哲學系似乎不太接受他們，不認為他們的觀點是真正的哲學思想。倪德衛教授反而是哲學系的教授，他講邏輯課，對西方的哲學頗有素養。他的例子在美國學界倒是比較少見的，即被哲學系所接受的研究中國思想史和哲學的教授。另外史丹佛還有一位研究現代思想的墨子刻（Thomas Metzger）先生，他在中國學方面也下了很大的工夫。最近他把自己的一批書送給我們圖書館，我看到他們在讀很多中文原著時都付出了很大的努力，作了相當多的眉批，看得很細。我對他說這些書你應該自己留下來。他說書太多了，況且自己已經退休了。他也是在哈佛讀書，您那時候可能跟他有過接觸。

余：是的。在我教書的時候他還是研究生，我並沒有教過他，他主要是史華茲（Benjamin I. Schwartz）的學生。史華茲先是研究現代的，不過慢慢地對古代的興趣越來越大，而他的認真跟熱情都是了不得的。史華茲對中國是真正的愛好，他把中國文化當作跟西方不同的另外一種文化來研究，並不認為中國文化比西方文化低，但也不故意說一切都是中國的比較高，那就不是歷史的態度了。所謂採取歷史的態度，基本上就是把一個客觀的東西還原，讓它盡量回到原來的狀態。墨子刻的著作相當多，影響也不小。多少年來，他特別喜歡用中文發表文章。他跟我另外一個好朋友張灝先生是至交，我最初和他相識也是通過張灝。我對他是非常欣賞的，而且很佩服他。他跟我也提出過許多商榷，不過我沒有時間詳細答覆他，但我想基本上大家是可以互相說得通的。西方的學術界有一個很重要的支點，就是你不能說我提出一個看法來，就不能有人反對，思想的異同是要允許的。

邵：思想應該是開放、多元的。

余：而且沒有一個東西是絕對不能更改的，因為歷史基本上是一個經驗科學，既然是經驗的東西就要有更新，舊的經驗的概括永遠是要修改的。你可以提出某些看法，加深對歷史的瞭解，讓別人在一時之間有新的看法、新的見解甚至新的視野，那都是可以的。但這些看法不是一旦確定以後就永遠不能修改了，所以我想我們必須有容忍不同觀點的風度，這樣才能做歷史的研究。有些人過於自信，再加上採用一些武斷的歷史理論，那就不可救藥了。

邵：您剛才談到您早期還受到經濟是基礎的思想影響，能否描述一下您的思想從過去發展到現在的大致軌跡？

余：比如後來我研究清朝的時候，提出一個所謂「內在的理路」，西方叫 inner logic。有許多觀念的產生並不是因為有外在的東西影響你，而是思想內部有一套邏輯、一條思路，它逼著你想提出某些新的問題來；並不是外界有什麼新的歷史、經驗或生活上的變化，然後才在你的思想上反映出來。那個絕對的反映論是不能成立的。所以我後來研究明清之際及清朝的變化，怎樣從明代的理學轉為清代的考證，這中間有自己思想內部的一個理路，而這個理路我認為是很清楚的。後來我接觸到托馬斯．庫恩（Thomas Kuhn）的所謂科學革命，其 paradigm 即典型的變化的理論，有許多東西跟我本來的想法是相通的。我最初並沒有受到他的影響，因為他的東西是一九六二年才出來的，我當時並沒有注意。但是後來發現我有些地方跟他的說法並不違背，雖然他的說法是解釋科學的，我的說法是解釋人文的。他也認為他講的 paradigm 的那些變化，最初是受到音樂、戲劇各方面的影響，是從人文方面來的，所以才有一種新的說法，即一種變化是忽然而來的，並非如我們想像的——科學是一步一步積累上來的。產生很大變化的時候，你原來的那套解釋自然界現象的理論不能成立了，你必須換一套理論。像中國的顧炎武等人作為漢學的開山，事實上也都是一種基本上的轉變，是一種典範的轉變。

邵：就近代思想史而言，胡適算不算典範的轉變？

余：那也是啊。因為胡適的《中國哲學史大綱》之所以轟動一時，並不是他「舊學」好得不得了。「舊學」比他好的人多得很，哪怕在他的學生中間，像顧頡剛、傅斯年等人，「舊學」恐怕也在他之上。但是他們沒有基本的、整體的觀點，都是零零碎碎的。胡適拿出一個新的典範，把過去講諸子跟經學的種種東西都安排一個位置，它們就豁然貫通了，這個看法就使人們眼界為之一新。胡適的貢獻實際上是在這裡，不是說他讀古書。

另外我還要補充一點，胡適並沒有運用杜威的所謂實驗主義，實驗主義只是在方法論上給了他啟示。胡適的《中國哲學史大綱》是一九一九年出版的，他一九一七年教書，按照顧頡剛的描述，他在課堂上已經讓人佩服得不得了，因為他把所有的東西整理出了一套系統，而這個系統是有意義的，是顧頡剛本人可以接受的，也可以根據這個系統再發展，所以後來就發展成為「古史辨」之類的東西了。所以任何一個新的、開山的工作，一定會留下無數的事情要人去做，不是說一次寫一本小書，寫成一本《中國哲學史大綱》上市就結束了。所以直到幾十年以後的一九四五、一九四六年，顧頡剛又看了一遍《中國哲學史大綱》，還是表示佩服，說這是天才等等。這是我從《顧頡剛日記》裡看到的。從這個例子就可以看出，庫恩的所謂典範說是有道理的。

邵：剛才您談到自己以往做的一些研究，最近您主要的研究是在哪一段？之前您講到要回溯到唐朝這一段的研究。

余：我最近的研究工作當然是從兩本關於朱熹的書開始的，這兩本書是我前後經過五六十年時間的準備才寫出來的。它們雖然受到注意，但是要真正讀完我這兩本書並知道其中說的是什麼，恐怕很困難。我寫這兩本書的目的就是討論儒學最初到底是什麼，它所關懷的是什麼東西。在我看來，儒家最基本的目的是把天下無道改為天下有道，從孔子以來就是如此。儒學並不真的講形而上學或者宇宙論，早期儒家宇宙論都很少講，不是沒有這種觀念，只是不特別強調，形而上學在孔子那裡則可以說根本還不能成立。孟子的性善說雖然接觸到所謂形而上學，但也沒有很大的發展。所以後來講儒家的形而上學或儒家的宇宙論的，多半是根據《中庸》、《大學》等等，都是後來的《禮記》裡面的東西。有學者指出《中庸》、《大學》等已經受到道家的影響。相對而言，道家是思辨式的，其中形而上的東西比儒家多。到佛教傳入，當然就提出更多的形而上的問題了。

這樣一路下來就到了宋明理學，宋明理學在形而上學方面是有所發展的，但這個發展的基本關懷還是要建立一個現代、理性的人間秩序，而不是要建立一個想像中的天國或神國，所以他們的形而上學以重新建造世界、回到三代的秩序作為主要的考慮。從這一點出發你就可以發現，我們現在根據西方哲學觀點頻頻講到要把宋明理學當成一種形而上學或道德哲學來看待，其實是有所偏差的，因為它不是那樣一個考慮的方式。現在我們把中國哲學從中國思想中間給撇出來了，實際上是以西方為準的。比如馮友蘭的《中國哲學簡史》，事實上他講的哲學是柏拉圖哲學、亞里士多德哲學或者新實在論的說法。陳寅恪說，馮友蘭用新實在論解釋諸子是很荒唐的，實際上是絕對不能成立的，只能說有一兩個觀點可以湊合。從整體上講，朱熹關心的並不是要建立一個形而上學，他基本的目的是改進社會，所以他始終跟政治有極密切的關係。他不是要做官，不是像人們經常罵的儒家的「學而優則仕」，他是要改變這個社會，這是中國知識人的一個傳統，直到今天都是如此。朱熹是要把社會從無道、不合理改成有道、合理，把不正義改成正義；其所以參加黨的活動，以至於道學變成異黨被人攻擊，原因就在這裡。他是要結合同志，希望說服孝宗，他幾乎把孝宗當成了王安石的神宗，以為自己可以被允許改變社會。我認為這是比較重要的發現，別人沒注意到。從前講慶元黨禁都覺得莫名其妙，不知道為什麼會有這次黨禁，而且朱熹這人好像也沒有黨。實際上朱熹是有黨的，不過那個黨不是狹義的謀取個人利益的政黨，而是要把個人利益撇開，從公共觀點看應該採取什麼樣的手段把整個社會改變過來，比如讓自私自利減到最小的限度；然後就可以把所謂三代之道、堯舜之道重新搬回來，讓社會從無道變成有道。

從這個觀點繼續再追問下去，王陽明也是如此，王陽明也不是光講良知，講良知生天生地，他最後還是要把人之世界變成一個比較理想的世界。明朝末年的陳龍正讀王陽明的良知學說，認為良知學說就是要恢復三代之治，這是對的。因為王陽明所要推動的也是政治，並不是狹義的政治，而是要建立一個合理的、廣義的、全新的社會政治秩序。所以我認為建立社會秩序是宋以來的儒學最重要的關懷。

邵：清初三大家也是這樣。

余：到清初三大家還是如此。即便到了乾嘉以後，章學誠等人到後來敬王抑朱，還是流露出要回到一個好的秩序的意向。就如戴震所說的，他們反對以理殺人，他們的目的是建立一個合情合理的社會，而不是一個很冷酷無情的講嚴格道德的社會，道德應該是合乎人情的。

另外，從建立整個秩序的角度講，在西方也有它的例子。我最近看到一本查爾斯．泰勒（Charles Taylor）的書，這個人是牛津畢業的加拿大人，是一個很有名的哲學家、思想家。他是研究歷史的，從哲學史、思想史、宗教史各方面綜合研究社會變化。上世紀八十年代他有一本書叫《自我的來源》（*Source of the Self*），是講宗教的書，講現代人的自我是怎樣建立的。他最近這本新書叫《俗世的時代》（*A Secular Age*），是他上世紀八九十年代思想的延續。這本書很有趣味，裡面講的是西方的事，跟中國沒關係，不過其中的觀點對中國也適用。他認為，西方從十世紀以後，在文藝復興以前出現了一個新的想法，他稱其為 reform 即改革，要把整個世界重新改革過。這個改革裡面有一部分是講內聖的，有一部分是講外王的，跟我講的從朱熹到王陽明這段非常相像。泰勒認為那是一個追求改革的時代，一直到宗教革命，甚至後來的啟蒙運動，都是要改良當下的社會。可以說中國跟西方在這方面的追求是相同的。我在給田浩（Hoyt Tillman）的《朱熹的思維世界》增訂版寫的序中就引用了查爾斯．泰勒這一段，你可以去參考一下。從這裡可以看出來，東方跟西方有相同之處。但也不是說這裡面有什麼歷史規律，而是人類到了某一個階段，覺得種種社會不合理現象非改革不可，不改革就生存不下去了。

邵：這反映了人類本身的一種需求。

余：但是西方的背景不同，西方有宗教背景，或是新柏拉圖派，或是 Stoicism 即斯多葛派，都有不同來源，所以西方要求的東西以及改變的方式跟中國的程朱陸王很不相像。但是作為一個整體運動，尤其是精神世界的人站出來，要重新整頓乾坤，建立新的更好更完善的世界，這方面是相同的。所以歷史研究跟我們現實的關係是非常密切的，因為歷史就是過去的現實，也是經過每一階段的人的摸索、創造甚至挫折而來的東西。我們現在也有許多挫折，也有許多摸索，也有許多創造，也有許多失敗，但是加起來整體的影響還是很大的。這就是研究歷史在今天非常重要的原因，尤其是中國這樣一個長期的、不斷的、連續性的歷史。

邵：而且是連續性的史學研究。

余：是的。

邵：那您最近有沒有新的計畫？

余：關於新的計畫，現在年紀大了，走一步是一步。我本來希望能夠在唐代這一段再做一點工作，因為差不多每一個時代我都有專書，但是唐代的沒有寫出來。我認為唐代在中國精神史上有很重要的特點，是別的時代所沒有的：一個是佛教的傳播，一個是詩。所以詩人跟高僧是唐代精神世界裡最應該注意的兩個方面，這兩個方面的關係十分密切。比如王維的詩是最有禪宗意味的，而杜甫對七祖禪即社會一派新的禪宗有極高的興趣，這在錢牧齋的《錢注杜詩》裡面講得非常清楚。這就是後來胡適研究神會的原因，因為神會已經被大家遺忘了，他的東西都沒有了，留在敦煌的東西都被英國的斯坦因

（M. A. Stein）、法國的伯希和（P. Pelliot）等人拿走，藏在大英博物館等處。後來中國和日本都回過頭來研究神會的東西，《壇經》的早期本子也發現了。禪宗的影響極大，它是中國創造的佛教，跟原始佛教大不相同。原來的佛教繁瑣得不得了，有幾千萬字的經典，雖然翻譯過來了，但是一般人受不了。禪宗就是提倡不立文字，直指本心，見性成佛。所以唐代的禪宗精神跟詩人精神我們應該好好研究，不過我自己年紀大了，現在身體也不如從前，到底能做多少，現在不敢說。

邵：如果做完的話，您雖然沒有專門寫一部思想通史，但是實際上也等於寫過了。

余：我的意思就是這樣。我認為關於寫通史的想法你們應該修改，不是說不應該寫，而是中國原來的通史不是我們現在所說的通史。我們現在所說的通史，實際上是西方式的教科書，是根據別人的研究綜合起來的，把從以前到現在的看法綜述一遍，這不是中國所謂通史的通法。中國原來的所謂通史是司馬遷的說法，就是「究天人之際，通古今之變，成一家之言」。這純屬個人智慧，根本就是用自己的智慧來貫通古今，而不是綜合別人的研究。我們現在寫通史不一定要採取司馬遷的方式，從上古傳疑時代一直寫到漢武帝就是所謂通史。事實上我們現在寫的通史在每一方面都要通，所以你可以從研究思想著手，也可以從研究宗教著手，還可以從研究社會變化著手，這些都需要，並不是一個人就能做的，也不是一個人寫一部通史出來就全部解決了。

從前有一個說法，是俞大維說的，就是陳寅恪早年有一個想法，即要寫一部通史。我想陳寅恪早期的想法事實上也是根據司馬遷的說法來的。中國人總想把一部從古到今的古代史消化在自己腦子裡，用最精簡的語言提煉出來。這只是一個想像，事實上並不容易做到，即使做到是不是都有用也很難說。因為說老實話，我們現在讀司馬遷，並不是看他的一家之言，也不是看他「究天人之際」，還是看他保留下來的許多史實。所以陳寅恪後來根本不寫任何斷代史、通史，他只寫他專門的題目，從頭到尾，比如《唐代政治史述論稿》、《隋唐制度淵源略論稿》等等，這些都是貫通的，是他很專門、很精深的原創性研究，並不是不管大小什麼東西都包括進來。

當然，那種通史一般人看看也是有用的，自有其價值，現代社會也不能沒有那樣的書，可是那樣的書對學術研究而言不是最重要的。最重要的是你要有開創性，使用別人沒有用過的史料，提出別人沒有提出的觀點，得出前人不曾得出的結論，而且這個結論是有堅強的證據支持的。所以研究歷史最要緊的是對證據的尊重，如果沒有證據，你說這樣一套，我說那樣一套，隨便怎麼說，那就糟糕了，那就沒有是非可言，沒有真假可言，也沒有對錯可言，那是不行的。所以研究歷史最後有一個關口你是逃不過的，就是你有沒有證據，你的證據又是怎麼來的。如果你把對你的理論不利的證據都拋在一邊，只挑出對你的論證有利的東西做證據，那就不是證據了，那樣的話任何東西都可以成立了。這是關鍵。我認為作為史學家，不管你用什麼理論，不管你覺得自己的思想怎麼開放，怎麼四通八達，如果你沒有證據，最後這一關守不住，那你的結論就是完全站不住的，一下就垮掉了。這就像造一所大房子，底下都是沙，無論上面建得如何堅固，整座房子還是會陷下去。

邵：剛才談到通史，像錢穆先生，還有呂思勉先生，他們都試圖寫通史，在當時也不一定完全是抱著寫教科書的目的。

余：那當然，因為中國有這個傳統，大家都想寫通史，像我老師錢穆先生的通史——那部《國史大綱》，就是很了不得的著作。但是那本書做教科書又不一定是非常好的，因為他講得太簡單了。書裡面討論的對象，有時候是陳寅恪，有時候是呂思勉，有時候又是某一個專門學者，你如果不瞭解，他沒有指明，你也不知道，所以那本書只有程度非常高的人才能看，程度低的人看不了。同時錢先生也有自己的見解，比如中國歷史變化的動力在哪裡等等，我在這裡當然不能詳細發揮，我只是要提示大家，讀《國史大綱》不是一件很容易的事情。我看從前有學者比如胡繩罵《國史大綱》，拿著引論的幾點都沒有抓到痛癢之處。那是拿意識形態來駁他，是駁不倒的。錢先生根據的是某些變化，你可以說他的選擇是有偏見的，可以提出你新的看法，也可以補充他沒有觸及的問題——那是一定的，而且錢先生也有這個度量。我當初讀他的史書做筆記，他就教我：你的筆記不要每頁都寫滿，你可以隔一頁空著，將來看到別人跟我看法不同，你可以記下來，這樣就可以加以比較。所以我認為錢先生是一個現代的史學家，他有這個雅量，可以容納不同的見解，並不認為自己的說法一成不變，到此為止了。那是中國讀書人中的「狂生」常有的一種心態，今天我們還是可以看到很多這樣的人。

我希望，中國學術界、史學界能做一點切實的學問，根底堅固，證據充分，但是要有雅量，能容忍不同的看法，甚至是批駁你的看法，對這些看法要好好考慮。因為人的腦子就這麼一點點，人的思想哪能把什麼都包括進去，這是不可能的事情。史學和哲學一樣也是個共業，不是任何人能夠在裡面興風作浪、建立霸權的地方，學術界沒有霸權可建，霸權遇到證據就垮。

邵：過去您寫的一篇文章中提到，從十九世紀末起，中國學人對古典學研究的訓練出現江河日下的狀況。

余：是的，這是一個大問題。

邵：要建立很好的證據，必須要有語言的基礎以及古典的訓練。

余：是的，因為沒有這樣的訓練，沒有語言的基礎，你根本不知道那些東西是證據，就會當面錯過。如果你有這個見解，那些原本看起來不那麼重要的證據會變成非常重要的證據。陳寅恪先生的書裡就往往有這種意外的發現，這就是他比別人高出一頭的地方，在別人不經意的地方他能找出極重要的證據來。

邵：這很重要。過去北師大的白壽彝先生就說，他讀陳寅恪先生八十萬字的《柳如是別傳》，看不出什麼東西來，這就說明他可能缺乏陳先生的那種見識。

您剛才講到胡繩，我最近看了一本書叫做《胡繩晚年學術思想研究》，談到他晚年曾有很深刻的反思，特別是對他以前的歷史學研究。經過晚年特別是最後三四年的思考，他就不再回到主流的中共黨史研究裡面去了。所以很多學者隨著思考的深入、思想的開放，到晚年可能會產生一些不同於早年的想法。

余：胡繩我只見過一次，好像後來王元化先生還寫過這次見面。胡繩到美國來開辛亥革命的會，會開完後訪問耶魯，我代表學校出來招待他們，他人很好。談到胡適的時候我們之間有很有趣的交流。他認為胡適在學問、學術上還是進步的，並且很讓人尊敬，但政治上是不行的。我說海外跟你的想法恰恰相反，因為胡適後來沒有時間做學問了，在學問上可以改進的地方太多；但是他政治上提出的對於民主的要求、對於人權的要求、對於自由的要求，到現在還沒有過時。胡繩很有風度，笑一笑，就不談了，我們就改變了話題。從這一點我能看出來，他不是那種偏激武斷的人。有時候人因為處在某一個地位，大概不能不說某些話，我們也可以理解。你不能過分嚴格地苛責別人，對別人應該盡量寬，對自己可以盡量嚴，這是我的看法。

關於理論再補充一兩句。從一九五六年到美國念研究院開始，我就選過莫頓・懷特（Morton White）教授的課，他已經九十多歲了，現在還在普林斯頓，前一陣子我們還見過面。他是教歷史哲學的，講分析派的歷史哲學，分析歷史語言、結構等等，而不是湯因比（Arnold Joseph Toynbee）、馬克思等人所謂玄想的一路。從那以後，我始終對西方有關的歷史理論十分注意，你看我書架上這方面的書多得不得了，一直到後現代種種，我幾乎沒有遺漏。所以我並非不看他們的理論就對他們表示藐視，事實上我是看過的，而且我覺得他們的理論並不是毫無可取之處，但是實在不能將其作為正當的研究歷史的方法看待。事實上多數講歷史觀的人本身並不研究歷史，關於這點我將來可以補充幾句。

邵：大學者的生活中有一些小的地方，往往人們不知道，但其實細微之處對後人也有影響。例如您講到洪業先生聽說國內批孔而生氣摔了一跤，您若是不寫出來，我們一點不知道。

余：是呀。

邵：例如錢穆先生的一些思考以及楊聯陞先生的一些經歷，牟宗三先生、唐君毅先生、徐復觀先生這一輩學者如何對現代思想史產生影響，還有他們跟您的直接接觸。有時候這些不太為人所知的交往，談出來或許倒會對我們產生影響。

余：我也可以講一講。

邵：我曾聽劉師家和先生談他所接觸過的那一輩的老先生，比如張星烺、柴德賡、陳垣，他本人的老師錢穆，還有牟宗三先生，每個人在治學取徑上都不一樣。大家都覺得陳垣先生在研究上力求竭澤而漁，史料搞得很細，但不知道他有沒有什麼快捷訣竅。後來注意到陳先生對類書極熟，如他善於使用《駢字類編》，從這部書裡查閱相關引文，然後追核史源，做出考證文章。還談到輔仁大學的一些軼事，比如張星烺先生平生致力於中西交通史研究，去世比較早，柴德賡寫的輓聯稱其「老成典型」，而他故去時才六十二歲。

余：張先生原是學化學的，後來反而對中西交通史有興趣。他的東西主要是編譯，嚴格講並不能算是著作，所以陳援庵給他的書題名就加上「史料」二字。因為「史」必須有一定的觀點，而張先生的東西等於史料匯編一類，所以不成其為「史」。

邵：從「五四」以來，中國史學大家還是不斷出現的——從陳寅恪、陳垣到雷海宗。其實中研院第一屆院士裡面的很多史學家，都有一套獨特的學術路數。現在很多人對他們的情況瞭解很少，也不讀他們的書了，這中間出現了一個文化斷層，就是對「五四」以來一直到國民黨政府遷到台灣以後這段史學發展的情況缺乏瞭解。

余：我想從大學以後我所接觸的先生開始談。

邵：有點史學家的味道。

余：有點紀錄的意思。

邵：從上燕京史學系開始。

余：就從燕京開始好了，我只能比較簡單地講一講。我是一九四九年八月在上海考進燕京大學插班的，燕京大學就是現在的北京大學，我當時住在未名湖旁邊的第二食堂。一九七八年我訪問北大的時候，還特別從未名湖走到第二食堂，進去轉了一下。我對燕京有半年時光的回憶，那是非常寶貴的，我很珍惜它。

我在燕京讀書的時候大概跟了三個先生。一個是聶崇岐先生。聶先生以研究宋史著名，可是那一年他並沒有開宋史，他開的是中國近代史的課，大概是因為共產黨來了以後有新的需要，覺得近代史更重要，宋史就沒有開。我還記得他所用的教科書是武波寫的，「文武」的「武」，「波瀾」的「波」，後來才知道武波就是文瀾，是范文瀾寫的，不知道這本書現在還有沒有。范文瀾的這本書是以當時官方的觀點寫的，不過聶先生並沒有照書講，而是講他自己的。他研究各種各樣的人，研究他們的傳記，比如講曾國藩，講太平天國，他都自己另外做研究，把每一段重要的史實都很扼要地呈現出來，他是很認真的。但是後來我走後不久就聽說他出了「問題」了，那就不知道怎麼一回事了。他是我很感念的一個老師。後來我在美國康橋的哈佛大學遇到洪煨蓮先生，洪先生特別對我稱賞聶崇岐先生，他認為聶崇岐不但學問好，人格也很高尚。我也相信他的人格是很高尚的，在你送我的王鍾翰日記上我也看到他人格高尚的一面。

另外一個是翁獨健先生。翁先生是研究元史及蒙古文的，也研究過滿文。他是福建人，大概一條腿是斷的，不良於行，也許因此就叫「獨健」——只有一條健康的腿。但他是很聰明的，西方的東西也看得很多。他那時候教的是歷史哲學，用普列漢諾夫（G. V. Plekhanov）的《論一元論歷史觀之發展》。當然後來我們看到很多普列漢諾夫其他著作的英語翻譯，但是翁先生當時就是拿那本書做教本。他主要講西方史學思想的某些變化，也不是完全向我們宣傳唯物史觀或者辯證唯物論，反而要我們讀一讀剛剛出版不久的羅素（B. A. W. Russell）的《西方哲學史》。因為這本書也是號稱以社會背景為基礎的，我當時受到影響也在這裡，就是覺得從社會背景看思想很重要。所以翁先生也是我很感念的一個人。

還有就是系主任齊思和先生。齊先生是研究戰國史的，他在美國是研究封建的，所以他對西方的封建有真正的瞭解。我們今天講中國的封建，根本是採用庸俗馬克思主義的講法，完全牛頭不對馬嘴。如果是一個封建的國家，基本上不可能是個統一王朝，有統一的中央政府的封建國家是不可能存在的。封建一定是分封的，就是諸侯分土，不會有一個強大的中央政權，如果有強大的中央政權就不可能叫做封建。這本來是很清楚的問題，不過現在已經沒有辦法了。實際上，長期以來「封建」兩個字在我們嘴裡是亂用的，我們說某人封建、某個想法封建，根本都是沒有意義的話。我們只能說某些想法是不能接受的，而不是封建不封建的問題，封建不能概括任何東西。總而言之，齊先生對西方史、歐洲史以及美國史都有相當研究，我在西洋史方面也頗受他的影響。但是我在燕京只待了半年的時間，很快就離開了。

接下來是我在香港的時期。我到香港本是去看我父母的，並不準備長待。可是我父親因為年紀比較大了，希望我不要走，我就留了下來。我父親就說，現在錢穆先生在這裡辦了一個書院，叫新亞書院，離我們住的地方很近，大概走路也不過十五到二十分鐘。我就去了新亞書院，並且第一次見到錢先生。對錢先生，我當然早就聞其大名了，不但早就讀過他的《國史大綱》，也讀過《中國近三百年學術史》。在翁獨健先生那個班上，我寫了一篇有關墨子的墨學興衰考論之類的文章，還參考過錢先生的《先秦諸子繫年》，所以我對錢先生的書已經有相當的瞭解。同時我也讀過胡適、梁啟超這些人的書。我到錢先生那裡去，他出題目來考我，讓我寫念過些什麼書，有些什麼經驗，我寫下之後他看了很滿意，於是我就變成新亞書院二年級下學期的學生了。我在新亞念了差不多兩年半的時間，但是這期間錢先生生因為缺錢辦學的關係，到處去找錢，有時要到台灣，一去就幾個月不回來，第二次去的時候頭還被打破，差點死掉，所以我畢業的時候他都沒回來。我平時在班上聽他的課當然也有受益，不過比較少，因為當時他們那些老先生受時局影響，心裡面不很平衡，也感受到壓力，講課有時候會牽涉到現實；可是私下去看他時，他總是跟你談學問的，而且談得很切實，很有指導意義。我讀《國史大綱》做了詳細的筆記，每次都要給他看，跟他一節一節討論，雖然不是從頭討論到尾，但涉及的地方相當多。所以我認為，我私下跟錢先生的接觸讓我受益良多。

我早期當然是受「五四」以來這一套想法的影響，這在中國叫做啟蒙。啟蒙運動那些想法都是西方式的。到新亞書院以後我才慢慢轉過頭來認識中國傳統的價值問題。別人覺得我有一個奇怪的地方，就是我談到中西文化的時候，好像並沒有覺得兩邊衝突得不得了，不是你死就是我活，無法並存。這個時代許多人都有這樣的想法，但是我很早就沒有了。之所以如此，就是因為在跟錢先生接觸的過程中受到他的影響，而之前又接觸過梁啟超、胡適等人一套新的想法，轉而看到中國文化也有價值，並非都是現代化的障礙，並非一定要消滅中國文化，中國才能現代化，中國人才能做現代的人。我根本沒有這樣的觀念，可是很多人都有，一直到最近，比如去世不久的李慎之先生。我跟他也很熟，他的看法很明顯，就是覺得要談中國文化就沒辦法談現代化了，也不能談民主，也不能談人權。我認為並非如此，中國也有中國的人權觀念，中國的人權觀念跟西方並不相違背。中國雖然沒有民主的概念，但是並沒有反對民主的說法。孟子所謂「民本主義」，跟民主也就相差一點點，那是因為中西條件不同。民主在西方是由希臘城邦開始發展起來的，後來在義大利也是城邦，中國是一個廣土眾民的大國，西方式民主實際上是實現不了的。

我曾經寫過一篇文章叫做〈試說科舉在中國史上的功能與意義〉，認為科舉制度的意義就是在地方上選有代表性的人，所以科舉取士在某種意義上講等於遴選地方代表。漢朝有所謂「賢良方正」的科目，對各地名額有嚴格規定，比如十萬人的郡只有一個名額，二十萬人的郡有兩個名額等等。這些人實際上具有代表性，而不光是知識的問題。從這裡可以看出來，中國並不像一些人說的完全沒有民主，完全由皇帝一個人操縱，不可能是這樣一種情況。我如果不跟錢先生讀書，對這些東西大概就沒有這樣親切的認識，也不肯去認識，反正是皇帝專制，一句話就完了，那太簡單了。所以我覺得跟著錢先生這幾年的訓練對我有很重大的意義。

後來跟錢先生念研究生，他的好處是根本不干涉我，比如我拿東漢的士族大姓做研究題目，他也不干涉，他就看我怎麼寫，並且還很欣賞我這篇文章。我到美國以後，他還讓我重新改寫，我寫了差不多有五萬字，在一九五六年的《新亞學報》第一卷第二期發表了。那是我很早的一篇文章，裡面的觀點跟錢先生的《國史大綱》實際上沒有很大關係，我並不是發揮他的理論，但是也有受他影響的地方。比如我講到，我們不僅要看社會的變化，還要重視文化方面。光武帝的東漢政權之所以能夠成立，其中有文化層面的因素，這是當時跟他競爭的其他人所沒有的。當時群雄並起，他們中間文化程度最高的就漢光武，最尊重儒家學說的也是他，他最能用士大夫做事，也最能容忍為他所用的那一批人。這就是東漢政權建立的文化背景。這是早期我自己慢慢總結出來的觀點，而這個觀點也跟錢先生有關，由此可見老一輩學人的影響很大。

當然，在新亞書院我還受到唐君毅先生的影響。唐先生是熊十力的弟子之一，並不是直接的學生，不過是相當重要的、有關係的學生，熊十力的語錄裡還提到過他。牟宗三那時候還在台灣，還沒有來新亞書院，所以嚴格講來，在現代大陸也很走紅的所謂新儒家，實際上跟唐先生關係最大。當時讀過唐先生《中國文化的精神價值》的年輕人相當多，雖然不一定完全接受，但是他提出的問題我們不能不跟著思考。所以新儒家對中國思想、中國哲學的研究也並非對我沒有一點影響，但是我把歷史的層面看得更重一點，把抽象的觀念放在次要一點的位置，所以我們之間還是有些區別。後來我去了美國，唐先生來訪問時，我還陪他到處看看，訪問了一些教授，陪了他很久。

我在新亞書院可以說接觸到了兩種力量。一種是以錢穆先生為代表的舊學。錢先生完全是依靠自修的，他沒有上過大學，沒受過現代的大學教育，甚至連中學都沒有畢業，因為他中學時不願屈就，不願接受校方無理的決定，所以不肯畢業。他代表著中國老傳統的一派。另外一種就是唐君毅先生這一派，唐先生這一派跟「五四」那套講法剛好是相反的，如果按照一九二二、一九二三年之間科學跟玄學論戰時的觀點，照丁文江他們的說法，唐先生可以算是「玄學鬼」了。但是我也看出唐先生有他的好處，他很受黑格爾一派影響，是講唯心論的，而且對西方的研究非常深入，雖然他沒有留過學，完全是靠自修的。西方的新實在論因為金岳霖、馮友蘭提倡的關係，在中國哲學界一度也很有影響，唐先生也接受了這些說法。我受唐先生的影響雖然沒有那麼大，雖然我們在思想上距離相當遠，可是不能說我沒有受他的教益，有許多好處是在不知不覺之間的，當時未必體會得到，但是幾十年以後可能會慢慢發現。比如張灝當初受殷海光的影響，非常反對牟宗三、唐君毅這些人。他來美國以後跟我交往很多，我就總是向他挑戰，我說這些書你看都沒看，就罵人家，你總該先看完了再說嘛。這樣一來，他慢慢地對新儒家也有了新的瞭解。所以我認為做學問不應該把別人排斥在外，不留餘地。有一個說法很好玩，是蔣介石的一個侍從人員說出來，洪煨蓮先生告訴我的。他說，蔣介石看了蕭一山的《清代通史》後問蔣廷黻：你對這個書有什麼意見？因為蔣廷黻搞近代史嘛，就徵求他的意見。蔣廷黻當然把這部書批評得體無完膚。蔣廷黻走了以後，蔣介石跟他的秘書說，這個蔣廷黻不會念書，他看書盡看缺點，看不到裡面的好處。洪煨蓮先生認為這句話很有智慧，雖然蔣介石是一個政治人物，並不是念書人，不過這一句話倒是很有智慧的。你看人家的書，如果看到的全是缺點，沒有一點可取，那你自己就一點好處都沒得到。讀書的方法有幾種，不管用哪種方法，都不要盡看人家的毛病，也要看人家的好處。專看人家的毛病就是想顯擺自己，覺得自己比人家高明。為什麼要時時有一個念頭，覺得自己比別人高明呢？我覺得這本身就是一個大問題。中國從前的讀書人講道德修養，不是說人人都要做道貌岸然的君子，就是指要有適當的認識，對別人有適當的尊重，我想這是相當重要的。

我的第三個階段，當然也是更重要的階段，就是在哈佛。整個抗戰八年我在鄉下沒有機會系統地上學，只上過一兩個臨時中學，也沒學到什麼東西。鄉下沒有什麼私塾，所以完全是靠看小說才得到一點語言知識。一九四六年我十六歲時離開中國鄉下的時候，已經快要念高中、大學了，但是對數理化一竅不通，英文也一字不識，要在一兩年之內趕緊補上好考大學。但這樣也有好處，我念了一本自然的書——就是中國那種原始的農村。我的故鄉安徽鄉下落後得不得了，大概跟五百年前甚至一千年前都區別很小，既沒有現代設備，也沒有什麼自來水、電燈之類的東西，更沒有汽車可以開到，人們都是以最原始的方法過活。但是正因為這樣，我就真正讀了八九年原來那樣的社會，社會就是我的文本，我認為社會文本給予我的東西是我後來受用不盡的。所以我對許多城市知識人的一些說法——例如對於中國社會的論斷——完全不能服帖。很多人把宗法社會罵得一塌糊塗，是因為他們沒有看到宗法社會的好處。宗法社會是有許多毛病，但是也有許多極大的好處，它其實是一個互助的社會，絕對不是一個階段鬥爭衝突得不得了的社會。衝突當然有，但不一定是階級鬥爭。我們那兒的農民跟所謂地主根本都是一家人，姓同一個姓，供奉同一個祖宗，就把階級意識消滅到最小的限度，以致你很少感覺得到。我從鄉下出去以後第一次回家過新年，就向住在我們後面的一個農人老前輩磕頭，我沒覺得他是農民而比我低下，從來沒有過這種意識。這就是我不贊同許多現代人拿西方理論往中國套的原因。

到美國以後，我想要真正瞭解西方，所以在哈佛念書的時候，最初並沒有選楊聯陞先生的課，因為楊先生教的是一般通史的課，我自認為已經相當熟悉了。直到第二學期我才選了他的制度史，這門課比較深一點。我之前學的都是羅馬史、西方政治思想史以及我剛才講的歷史哲學，因為那時候我估計念完書大概還得回香港去，所以從根本上覺得應該多學習西方的東西，這樣才不至於空入寶山。因此到美國以後，我一直對西方的東西保持很高的興趣。當然，我在香港時已經開始讀這方面的書了。當時香港有兩個地方，一個是美國的新聞處，裡面有一些書相當好；另外一個是英國的文化委員會（British Cultural Council），也藏了很多書，可以借閱。這就是我看西方書的來源。因為新亞書院根本沒有圖書館，也沒有藏書。

後來要寫博士論文，當然要進入中國史的領域。那時候楊先生是我的業師，從頭到尾我都是跟著他的。他是一個非常好的批評家，能看出你的任何一個毛病、漏洞，專門挑你的毛病跟漏洞。這跟我剛才說的蔣廷黻罵人家的書一錢不值不一樣，因為那是已經成書的了，而楊先生是在學生的習作中間挑錯，這是應該的。這樣你就曉得要怎樣維護自己，自己的論點怎樣才能建立。楊先生不但對中國原來的典籍很熟，而且對中國近現代的學報、專書都非常清楚，對西方的漢學也是如數家珍，這是很重要的。因為我師從錢穆先生的時候有一個毛病，就是只看原書，看《史記》、《後漢書》、《三國志》之類的原典，對現代人的著作都不屑一顧，西方的書更不用談了。這是我的不足，這個不足在楊先生那裡得到了彌補。我過去太輕視西方的東西，太輕視現代人的東西，完全直接依據古書來做結論。比如我寫的第一篇文章是關於東漢的，當初根本沒有參考什麼現代的書，楊先生就問我：「我寫過〈東漢的豪族〉，還有日本人的研究，你都看過沒有？」我說：「沒有。」〈東漢的豪族〉是很有名的文章，我都不知道，就連楊先生這個人也不知道。因為我在香港的時候，根本沒有人告訴我們海外有些什麼東西，拿中國話來講叫「坐井觀天」。人不能坐井觀天，你要出去看看世界，看看別人。念書人跟做生意人一樣，要知道市場行情是怎麼樣的，完全不知道行情，你做生意一定失敗。在這方面，我在楊先生那裡補了很多的課。當然最重要的是他那種批判的精神，你某一個論點、某一種說法有問題，他會馬上給你指出來，因為他有淵博的學識做基礎，他會讓你再去看看某個人寫的跟你有關係的某一篇文章。

這些都表明現在的訓練跟從前老一代不一樣，老一代沒有這樣的看法。不過據嚴耕望先生回憶，他第一次見錢穆先生時，提到自己寫了關於秦漢地方政治的文章，錢先生就說，還有一些人比如清朝的錢大昕對這些問題的考據你都還沒看呢。實際上這也就是楊聯陞先生的意思，在當時要看清朝人的東西，看《日知錄》，看錢大昕的《十駕齋養新錄》，也就等於我們現在要看西方或者日本人的漢學著作，以及中國人的現代研究。這是我從楊先生那裡得到的好處。洪煨蓮先生也是一樣。他雖然是在美國教會學校出身的，可是回國以後非常注重補中國學問的底子。他最初寫的東西還沒接觸到中國的古代史，最早寫的好像是明代考證之類的文章。慢慢在編《引得》之後，開始研究杜甫，研究《禮記》，還在法國得了獎。常常跟洪先生接觸也會得到很多好處，而且他非常認真。有一次我跟他討論《論語》上所謂「吾黨之小子狂簡」，「狂簡」兩個字怎麼講，對此有各種不同的解釋，我記得他還給我寫了很長的信。從這裡可以看出老一輩人對學問的認真，你要從他們身上學習這一點，不能苟且，不能隨便瞎說八道、完全不負責任。負責，這是很重要的。

當然，我接觸的人還是有限的，像胡適我就沒見過，我只是看他的東西看得很熟。他在紐約，我也沒有機會去看他，因為我沒有看望名人的習慣。

我對任何人都沒有崇拜感，只是很佩服某個人，而不是對他崇拜得不得了，非見他不可，好像看到明星一樣，我始終沒有這個感覺。我對任何學者都是這樣，不管是誰，包括陳寅恪，我很佩服他，但也並不是五體投地、他說的我都接受。我只是想把他某些隱蔽的地方表彰出來。最近我看到廣州有個人寫的兩大本關於陳寅恪詩的書（胡文輝《陳寅恪詩箋釋》），就是以我為主體的，就講我是怎麼講陳寅恪的，他就跟著這樣講，這也是很有趣的。可以說我在陳寅恪那裡也得到很多好處。

再比如陳垣，他的書我幾乎沒有不細看的，主要原因是我父親是陳垣在燕京大學的學生。我父親跟陳垣先生念書，最後學士論文寫的是「劉知幾之史學」，就是洪業先生後來專門研究的《史通》，他想把它翻譯成英文的。所以陳先生等於是我的太老師，我等於是他的「小門生」了。後來我見到陳垣的孫子，就覺得很親切。他在美國時，我們還有些來往，他也到我家來過。我對陳垣先生也是很敬仰的，我知道他有他特別的長處，但是他也有他的局限。我覺得對於老一輩的人，應該能夠知道他們每個人長處在哪裡，而不是去挑他的毛病。不過我對這些老前輩並沒有盲目崇拜。我覺得前一輩人有前一輩人的好處，你必須學習他們，就像牛頓所說的，只有站在巨人的肩膀上你才能看得遠。他們這些人在中國文史研究方面都是所謂巨人，他們的「巨人的肩膀」是很要緊的，沒有「巨人的肩膀」你就看不遠。只有這樣你的學術才能有發展。但是你若是盲目接受前輩的一切，拚命恭維老師，維護老師的任何一個觀點，拒絕修正老師那些明明可以修正的觀點，那不是幫老師，而是在害老師，害得人家越來越罵他。現在許多人就有這個問題，對某一個人很有感情，很崇拜，但是崇拜到某種程度就是盲目崇拜了，反而害了這個人，引起別人對這個人的反感了。比如最近我看大陸人寫錢鍾書，有時候就寫得過了頭了，把錢鍾書寫成一個高傲自詡、什麼人都看不起、無人不罵的人。其實錢鍾書也不是那樣的人，他的性格中是有那一方面，但是不值得提倡。他也不是三頭六臂，他有他的特別長處，記憶力特強，理解力也很高，這樣的人很難得，讀書又用功，讀書之多也是很少有人能趕得上的，可是真要說他超越了任何人，那也不可能。所以我覺得，對於某些人，包括自己的親人，把尊敬放在心裡即可，不必形之於筆墨。如果抱著這樣一個態度，相信你就可以接受前人的好處。

現在傳統的學術訓練越來越少了，很多人或者不耐煩，或者急於一鳴驚人，這是最可怕的心理。因為如果想一鳴驚人，就一定不肯腳踏實地一步一步走，一定還沒有站穩就想跳了，這樣一跳毛病就多了。但是一般人也無法評判你，你寫一本書，講得天花亂墜，不是專門做這方面研究的人也不知你的深淺。你可能因為某種原因一鳴驚人，別人都會讚賞你，但事實上在學術界是站不住腳的，過了三五年就沒有聲息了，只是曇花一現而已。我不希望中國學術走那樣一條快速成名的路。名這個東西是不可靠的。要走扎實的路，就像我剛才說的，要在中國原來的典籍裡面找到中國歷史的線索，找到它內在的脈絡，抓住這些脈絡以後，同時也要參考同時代人對某一階段的解釋，包括西方及日本的漢學家對這些問題的看法，都看過了以後，自己再下判斷。這樣研究歷史就比較可信，人家就會信任你的東西，而不會懷疑你。有些人雖成大名，卻是叫人不敢相信的，古代也有這樣的人，比如毛奇齡，又稱毛西河。他是十七世紀的大學者，當時的全祖望就指出，毛西河專門假造許多典故，他的考據好像踏踏實實，卻都很不可靠。那些人是非常聰明的，現代也有這樣的人，我不願意舉名字，我不想罵古人或者罵現代人，罵人這種風氣不大好，我是寧可看到他人的好處。

我們現在該怎樣一方面接受西方，另一方面又不為西方所困，這是新一代學者所面臨的最大問題。可以這樣說，新一代學者面對西方的東西時，無形中好像還是有被征服的感覺，尤其講史學，動輒就講理論。我從一九五六年開始就在哈佛學習莫頓．懷特（Morton White）的歷史哲學，那時候歷史哲學剛在美國興起不久，像柯林伍德（R. G. Collingwood）的《歷史的觀念》（*The Idea of History*）——後來何兆武先生翻譯過這本書，台灣也有人翻譯過——那都是當時很流行的。但是這種歷史的觀點在上世紀五十年代中期還沒有多少人注意，哲學界的人不大看得起它，覺得它還是旁逸斜出的小道。可是後來慢慢發展起來了，特別在跟比較文學，尤其是跟法國的德里達（Jacques Derrida）等人發生聯繫以後，就講得越來越玄了。歷史哲學有其好處，就是它有些觀點實際上是懷疑的觀點，對於歷史的真實抱懷疑態度，認為多數是文字問題、語言問題。德里達就認為文字以外沒有真實。這就是把對歷史的懷疑推衍過分了，推衍到極致以後就是一句話：世界上沒有什麼是客觀的。有些人受了後現代一些理論的影響，就認為講「客觀」兩個字是很荒唐的，是站不住的。我覺得這種風氣已經傳到中國了，大陸、香港、台灣對於新的理論都是非常神往的，但不知道自己到底瞭解到什麼程度。

我這幾十年來始終在看這方面的書，不但看書，還看他們的一些雜誌。比如美國的《歷史與理論》（*History and Theory*）雜誌，我一直訂到最近兩三年才停止，因為我現在沒時間了。對任何新的理論我都在加以注意，並不是我要瞭解它們，而是想看看能變出什麼花樣來。我發現花樣實在是不多，幾句話也就說完了。所以我們不要把這些理論當成了不得的東西，尤其在中國的情況之下，別人也沒機會看到它們，那就等於不老實、騙人，就等於招搖撞騙。這些東西其實沒什麼了不得的，三五句話就足可以解決了。事實上這也只能提醒我們小心一點，對於古人的記載不要那麼天真地全盤接受，因為許多說法只是一種語言方式。但是古人的記載中也有原話，例如《史記》陳勝傳裡面，有個農民小時候跟陳勝在一塊兒長的，說：「夥頤！涉之為王沈沈者！」那就是原來的話，實際上「夥頤」就是「哎呀」，是一種口語。所以有些歷史書裡也有真實的口語，並不都是歷史家用另外一種語言編造出來的。你看歷史如果能看到文字的背後去，就可以判斷哪些是真實的，哪些是誇張的。所以後現代的種種說法並不是一無足取，不過可取的東西很少。它只有一兩個新觀念，而且也不是實證性的，動輒寫上幾千、幾萬字，搞得人頭昏腦脹。

還有一點也要請大家注意，就是所有這些理論家都沒有真正研究過歷史，他們都只是理論家。包括海登・懷特（Hayden White），他研究過一點中國史，但是後來就不研究了，他早期研究元史學（meta history）的時候還比較踏實，到後來就越寫越玄了。義大利有名的史學家莫米利亞諾（A. D. Momigliano）就不喜歡他的理論，他們兩個關係很好，但是莫米利亞諾不接受他這樣的說法。只有我剛才提到的柯林伍德寫的《歷史的觀念》比較確實，他是研究羅馬史的，牛津出版的《羅馬史》關於British Settlement那一卷就是他寫的。而且牛津大學的好處在於對古典的訓練很扎實，他們對古典希臘、羅馬這些希臘文、拉丁文典籍都有非常嚴格的訓練，這就是我們現在需要補足自己的地方。現在的牛津當然差了一點，不過那個學風基本上還在。他們對希臘、拉丁文的掌握是非常切實可靠的，因此他們就跟哲學家不一樣。比如德國的尼采（Friedrich Wilhelm Nietzsche），以及二十世紀的海德格爾（Martin Heidegger），這些人講希臘往往是亂講的，尤其海德格爾是非常不可靠的。雖然他引了半天都是希臘文，真正懂得希臘文的人就指出，他根本是在那裡亂用，你不能被他唬住。這些可以提醒我們，在中國你要用文字學賣弄一點甲骨文、金文，然後亂講一通，別人也沒法知道你說的到底可不可靠，而你就覺得自己已經是卓然名家，好像可以一鳴驚人了，這是很危險的傾向。我希望年輕一代的史學家能夠腳踏實地。

（原載《史學研究經驗談》，上海文藝出版社，二〇一〇）

中國現代學術「典範」的建立

採訪者：羅小虎

二〇一八年四月底，幸得到余英時先生的允許，本報特約記者到普林斯頓採訪近三個小時。下面為訪談問答，文字經錄音整理，有刪減和編輯，整理文字經余英時先生修改審定。

問：錢穆先生晚年《師友雜憶》一開始有言：「東西文化孰得孰失，孰優孰劣，此一問題圍困住近一百年來之全中國人，余之一生亦被困在此一問題內。而年方十齡，伯圭師耳提面命，揭示此一問題，如巨雷轟頂，使我全心震撼。從此七十四年來，腦中所疑，心中所計，全屬此一問題。余之用心，亦全在此一問題上。」余先生怎麼看錢穆先生困擾一生的問題？什麼是您學術所關注的中心問題呢？

余英時先生答（下文簡稱答）：東西文化問題也同樣困擾著我的學術生命。但我比錢先生遲生三十多年，具體關注的問題當然同中有異。錢先生特重「東西文化」的「得失」和「優劣」，是因為他的老師（伯圭）告訴他：「中國史走錯了路，以後應學歐洲英法德等國。」在我上高中和大學的時候，「得失」、「優劣」之類的問題已討論得太多，而且得不到確切的結論，所以我關注的是文化異同的問題。與文化異同密切相關的則是歷史變化的問題。當時有一種意見認為從秦始皇統一天下到清代，兩千年間中國史沒有發生過根本性的變動，例如馮友蘭的《中國哲學史》將自秦漢至清末的思想命名為「經學時代」。這是因為他以中國與歐洲對比，這兩千年都處於「中古時代」。中國有與西方相同的「上古時代」（即春秋戰國的「子學時代」）和

「中古時代」，但「近代」哲學在中國尚未開始。又如在馬克思主義派的中國歷史分期中，這兩千年則是「封建」社會。這一說法對於早年的我尤其困擾之至，因為我最早接受的觀念說：秦漢統一是中國從「封建制」到「郡縣制」的發展。總而言之，二千年不變的歷史論斷對我越來越沒有說服力，因此尋求這兩千年間的歷史變動終於成為我早年治史的重點所在。既然以變動為出發點，在某些問題上，我也不得不上溯至古代或下及於現代，以「通古今之變」（司馬遷的話）。陳寅恪先生曾自道「平生為不古不今之學」，我的工作也許可以算是「亦古亦今」。但這治史一個純客觀的描述語，僅僅表達我的研究論題不限於某一時代而已。

問：陳寅恪先生說：「平生為不古不今之學，思想囿於咸豐、同治之世，議論近乎湘鄉、南皮之間。」陳寅恪先生還曾有過「守傖僧之舊義」和「幸俱未樹新義」的言論。如何理解陳寅恪先生的「不古不今之學」？

答：專從「不古不今之學」這個名詞說，我一向以為是指他研究的範圍而言，大致限於魏晉南北朝到隋唐時期，即所謂的「中古史」。因為這話是在上世紀三十年代說的，他那時已決定集中精力於此。他在同一時期特別聲明自己

「喜談中古以降民族文化之史」，可為佐證。

問：復旦大學葛兆光老師有文章〈「平生為不古不今之學」——讀《陳寅恪集・書信集》的隨感〉，將「不古不今」理解為學術立場上的「不中不西」，在「論治」方面「迥異時流」。文化之時流主要指康有為的托古改制思想和胡適之等的全盤西化說。兩者皆走極端。陳寅恪先生所主與康之「古」、胡之「今」迥異，故而自稱「不古不今」。您如何看待葛兆光先生這個觀點的？

答：我沒有注意葛先生此文，或雖看過，但忘記了。照你所說，他顯然是講上引陳先生的全句，不止是「不古不今」四個字。就全句說，我覺得他的解釋是符合陳先生的整體思想的。他說他在思想上「囿於咸豐、同治之世」，那就是表示不贊同光緒以下的思想，康有為恰恰是光緒時代。他提到「議論近乎湘鄉、南皮之間」，那是指曾國藩和張之洞。張尤以「中學為體、西學為用」一語著名於世。（更早的馮桂芬已表達了這個意思。）陳先生顯然願意接受「中體西用」的立場。而且一九六一年，吳宓和陳先生長談之後，在《日記》中說：「寅恪兄之思想與主張，毫未改變，仍遵守昔年『中學為體，西學為用』之說（中國本位論）。」他反對「全盤西化」，也是不容懷疑的。可見葛先生之說有堅強的根據。國內史學家中，我最佩服者之一即是他。葛先生有大的眼光。他的許多研究都引起了西方和日本漢學界的重視，他的專著譯成日文和英文的不下五六冊之多，最新的一冊剛剛由哈佛大學出版印出。葛兆光不但「博古」，而且也「通今」。我最近讀到他的一篇評價大陸上各式各樣的「儒家」的長文，使我對大陸今天文化的動向有了較深切的認識。所以他對陳寅恪的「不古不今」那句話的推論是值得重視的。

問：梁啟超先生著述《中國近三百年學術史》，認為清代儒學是對宋明理學的一個「反動」，胡適也大致同意這個觀點。錢穆先生的《中國近三百年學術史》（與梁書同名）則主張清學為宋明理學的一個發展，馮友蘭在《中國哲學史》中也與錢說大致相近。但陳寅恪先生在〈鄧廣銘宋史職官志考證序〉中說：「華夏民族之文化，歷數千載之演進，造極於趙宋之世。後漸衰微，終必復振」，他又說：「將來所止之境，今固未敢斷論。惟可一言蔽之曰：宋代學術之復興，或新宋學之建立是已。」為此，錢穆先生和陳寅恪先生都反對當時流行的今文《公羊》學，而致力於建立「新宋學」。這對於當下讀者來說，比較難理解。當時今文《公羊》學和錢穆先生、陳寅恪先生推舉的

「宋學」，有何不同？

答：你的問題很複雜，不容易回答而且所用的概念也需要進一步澄清。讓我試加分析。錢先生強調宋明理學的重要性，主要是針對清代的考證學而說的。因此他所用的「宋學」一詞是和「漢學」相對照的。清人一般的考證起於漢代的「名物訓詁」，故稱考證學為「漢學」。他們同時認為宋明理學以討論「心」、「性」、「理」、「氣」等抽象觀念為重點所在，是所謂「義理」之學，但「義理」則開始在宋代，因此當時又以「宋學」稱之。清代中葉（十八世紀），「考證」發展到頂峰狀態，很多考證學家都不免對宋學抱一種輕視的偏見，一直要到十九世紀中葉前才有人為宋學抱不平。錢先生治史一向是「義理」和「考證」並重，而且在考證方面有特出的貢獻（如《劉向歆父子年譜》、《先秦諸子繫年》）。但是他不滿「五四」以後有些人對宋明理學的貶斥，因此在《中國近三百年學術史》中特別強調宋學在有清一代的歷史地位。他在〈自序〉中開宗明義地指出：「近代學者每分漢宋疆域，不知宋學，則亦不能知漢學，更無以平漢宋之是非。」這是錢先生對「宋學」一詞的用法，與陳寅恪先生的「新宋學」並不相同。

問：那什麼是新宋學呢？

答：陳先生的話沒有上下文，他也未對「新宋學」內容作清楚的解釋，我們只能從他的其他論述中，加以推測。我覺得他在馮友蘭《中國哲學史》下冊的〈審查報告〉中有幾句話值得重視。他說：「竊疑中國自今以後，即使能忠實輸入北美或東歐之思想，其結局當亦等於玄奘唯識之學，在吾國思想史上，既不能居最高之地位，且亦終歸於歇絕者。其真能於思想上自成系統，有所創獲者，必須一方面吸收外來之學問，一方面不忘本來民族之地位。此二種相反而適相成之態度，乃道教之真精神，新儒家之舊途徑，而二千年吾民族與他民族思想接觸史之所昭示者也。」

所以我認為陳先生的「新宋學」不是專指宋代的理學（或道學），而是指一種學風而言，即接受了「北美」（按：指杜威的實驗主義）或「東歐」（按：指馬克思主義）的思想之後，加以融合貫通，以建立一種合於中國民族精神的新學術和新思想，正如宋代消化了佛教之後的創新一樣。

從上面的分析可見錢、陳二公所同樣重視宋代學術，而取捨之間仍有出入。他們這樣做確是對當時流行思想的反感，但所反對的具體對象還是不同。錢先生不滿意「五四」以來「整理國故」的運動不但太偏向考證，而且還繼續輕視宋明理學。陳先生則反對把外來學說看作是中國必須無條件接受的絕對真理。這種心態早已始於清末，我記得《國粹學報》上已有人指出：當時不少人「視西籍為神聖」。但「五四」以後此風更普遍了。他特別指杜威的實驗主義和馬克思主義為例，可見其用心之深。他堅持中國學人必須為中國的文化的前途深思熟慮，開創新的局面。你說他們同在反對當時流行的思潮是不錯的，然而其中並不包括「今文公羊學」。（下面再談）

錢、陳二先生也確有不少相同的地方，這裡我只選出一點來談談，即兩人同以研究歷史必須微觀與宏觀交互為用。微觀相當於考證，即對於具體歷史事實做最徹底的考察和闡釋，但這樣的工作往往只見個別的樹木而不見森林。因此在歷史研究中，宏觀絕不可少。宏觀相當於孟子所謂「觀其大」，其涵義比宋學所謂「義理」要豐富得多，這是「見森林」的必經之路。但「見森林」又不能不看清楚林中一棵棵的樹，否則便不免如傅斯年的名言所說，可能將天際浮雲當作森林了。我相信，在這個意義上說，錢、陳二先生的治史特色是微觀與宏觀交互為用，絕沒有一點誇張。錢先生的考證，規模浩大，如《諸子繫年》是為了呈現整個戰國時代的大形勢。他的《國史大綱》是「見森林」的名著，但其中取證和論斷則都是從對於相關「樹木」的細察而來。陳先生也大致如此：他的個別考證論文往往從小見大，因此有「咫尺千里」的美譽。他中年名作如《唐代政治史述論稿》以短短篇幅通觀有唐一代的政治大勢。但稍一翻閱，即可見他的每一論題都建立在精密考證之上。晚年的《柳如是別傳》的八十萬言，把明清興亡史全部復活了，許多遺民的思想和情感都通過考證而無所遁形。其中所透露的高遠想像力真到了「驚天地、泣鬼神」的境界。（這是他研究助手的話。）

許多人都會說微觀與宏觀應交互為用，但真正能做到的，實在太少。我受錢、陳二先生的影響主要在此。

問：從學術脈絡上看，您繼承了錢穆先生、陳寅恪先生對宋學的關注，從一九七〇年代開始，在《論戴震與章學誠：清代中期學術史研究》、《中國思想傳統的現代詮釋》、《中國近世宗教倫理與商人精神》等論著中，就已經涉及了宋學問題。近年問世之巨著《朱熹的歷史世界：宋代士大夫政治文化的研究》，更是「關於有宋一代文化史與政治史的綜合研究」，「焦距集中在以宋代新儒學為中心的文化發展和以改革為基本取向的政治動態」。您是否有志在建立陳寅恪先生說的「新宋學」？

答：我在思想史研究中，非常重視宋明理學的發展，當然是受到錢先生的影響。但我並沒提倡理學與漢學考證相對抗的意向。上面已說過，我對於陳先生的「新宋學」概念只能作一點推測，不敢確定它的涵義是什麼，我怎麼可能「建立新宋學」呢？我記得大陸出版過一本書，專講錢、陳二先生怎樣開創了「新宋學」，並分析我如何繼他們之後發展「新宋學」。（可惜我連作者和書名都忘記了。）不知你是否受了此書的影響或不謀而合而同發此問？總之，我要負責地告訴你，這完全是一個誤會。我的時代後於錢、陳二先生，面對或關慮的中國史問題，不可能與他們兩人相同。讓我說幾句有關我研究中國史的構想所在，但極為簡略，只是提個大要而已。

在西方現代文化及其發展出來的普世價值挑戰之下，我們怎樣才能認識中國傳統文化的特色？我認為只有抓住了它的特色，我們才能夠認識中、西文化的異同，並進一步追問，中國文化中有哪些成分和現代普世價值是互相衝突的？哪些是可以互相呼應的？前者我們可以拋棄（如王朝的帝王專制），後者則當保留與發展，以推進中、西文化的融合。因此我研究中國史特別選擇變革時代的獨特動態。因為這種獨特動態最能顯示出精神價值的流變。所以我的研究以全部中國史為範圍，不限於某一時代，上起先秦，下至明、清及「五四」以下，我都曾認真地進行過專題的論述。但這裡不是出於興之所至，隨意抬出一個題目滿足我個人的發表欲。我是企圖從全部文化變動中追尋中國文化的特色所在。當然，像所有的史學家一樣，我的工作有成功也有失敗，但無論成敗，我的用心則是一以貫之的。同時，讓我再重複一句，我的研究中往往或明或暗地包含著一種與西方相對照的觀點，因為如果沒有相異的做比較，文化特色是顯不出來的。

問：哪些傳統文化還可以保留發展？

答：這個問題真是一言難盡，我不可能一件一件地列舉給你看，而且也沒有人能把所有可以保存的項目完全找出來。所以這裡我只能在大處落墨，以見中國傳統文化與現代化西方文化之間確有相通之處。

已故陳榮捷先生（Wing-Tsit Chan, 1901-1994）畢生在美國介紹中國哲學和思想。他曾說，如果用一個字來概括全部中國哲學史的話，那個字便是「人文主義」（「humanism」，見他的 *A Source Book in Chinese Philosophy*）。這句話在西方已被普遍地接受了。陳先生的人文主義當然是指中國文化對「人」的尊重，尤以儒家為最顯著。孔子的「仁」便是「人道」，孟子強調人性善，又特別提醒「人之異於禽獸」，更是把人的尊嚴提升到最高的地位。所以「天地之性人為貴」成為中國人的共同信仰。稍稍認識西方近代文化史的人都知道，「人文主義」興起於文藝復興時期的義大利，當時人文主義者特別倡導人的尊嚴和人在宇宙中的獨特地位。這種人文主義的精神稍後進入西方教育界，塑造了西方現代的獨立人格，其影響一直延續到十九世紀。西方自由和民主的成長得力於人文主義教育，無人不知，就不用再說了。其次，我願意介紹一下胡適一九四一年去美國的一次英文演講題目便是「民主中國的歷史基礎」（Historical Foundations for Democratic China）。在講詞中，他除了舉出中國上層思想、民間文化和西方民主意識互相比較的一些例證外，特別強調中國兩千年以來，在制度上有接引民主的三要素：第一，中國有一個高度民主化的社會結構，其中不存嚴格的上下階層之分。第二，中國自漢代以來，便建立了一個客觀而且公平競爭的考試制度。第三，中國政治系統自始便成立了一個內在批評制度，即「御史」或「監察」之官，從皇帝到宰相都可以盡情批評，因此也稱為「言官」。這是中國政治上一種言論自由。胡適同時指出：孫中山先生早見到了二、三點，因此特別創建了「考試」和「監察」二權，成為「五權憲法」。

我想以上的概括論此大概已夠解除你的疑問了。

問：您是怎樣看康有為的托古改制？

答：你補問這一句剛好給我一個機會，回到前面你提及錢、陳二先生對於「今文公羊學」怎樣反應的問題。康有為為了變法圖強，同時必須借用孔子的權威，因此想出一個絕妙的方式，說變法改制從來便是孔子的主張。但是自漢代傳下來的經書中並沒有這樣的說法。只有一部《春秋公羊傳》，據說是孔子口傳的記錄，其中有許多「微言大義」，可以解釋成改制。於是康有為根據以前（主要是清代學人）的一些說法，將漢代儒經分成兩類：一類是用秦漢以前的古文寫成的，另一類則是用漢時的「今文」寫成的。現在傳世的「六經」是「古文經」，《公羊傳》則是「今文經」。但「古文經」不幸經過了劉歆大量而有系統的改寫和偽造，以符合王莽篡位的需要，因此已不是漢朝的學術，而變成了王莽新朝的學術。這是康有為「新學」一名的由來。他的《新學偽經考》便是要人知道：現存「古文經」是「偽」的，不可相信。其中有不少關於「改制」的說法已經被劉歆抹去了。《春秋公羊傳》則為「今文經」，未經劉歆的改動，所以可信為孔子的「微言大義」。接著《新學偽經考》之後，康有為又寫了一部《孔子改制考》，正面推動變法改制的政治計畫。在《改制考》中他推出一個重要的見解，即孔子寫的「經」都是為了改變「無道」的現狀，最後創造出一個「有道」的天下。（如《論語》中有「天下有道，則丘不與易」之說，恰可引為根據。）但六經中明明包含著歷史記載，如《詩》、《尚書》，而且清代更有「六經皆史」之說（章學誠），當時正在流行，康氏怎樣應付這一理論呢？他是這樣反駁的：聖人（孔子）立言都是在傳布他所設計的一套理論制度，以行之千秋萬世即所謂「空言待後」，絕不是僅僅為了記錄一些已成過去的古代事蹟。他之所以引用古代事蹟，其實是要把「改制」的「微言大義」寄託在其中，我們絕不能認真地把它當作「歷史」來研讀。所以他堅持「經」非「史」，而「托古改制」的觀念就這樣成立了。他把「托古改制」四個字強加在孔子的身上，但事實上他寫這兩部書的真動機是為了「托孔改制」。因為我們都知道，他不是為著述而著述的「經生」，而是要推動變法的改革家。他假託孔子的大名，是由於相信這樣更能說動清廷和當朝士大夫輩起而響應。後來光緒帝和翁同龢果然贊同他的主張，於是就有戊戌變法（一八九八），今年恰好整整一百二十年，令人不勝感慨。

把康有為托古改制的緣起交代清楚之後，現在應該進一步澄清它在中國現代思想史上的影響問題。首先必須指出，戊戌變法失敗以後，「托古改制」（或「托孔改制」）作為一個實際的政治計畫已完全破產了。今天如果還有人想步其後塵，只能流為笑談而已。但康有為變法所帶來的副作用，則不可輕視。第一，康有一封〈上皇帝書〉，其中有下面這句話：

守舊不可，必當變法；緩變不可，必當速變；小變不可，必當全變。

後人把這句話簡括為「必變」、「速變」、「全變」三部曲，作為中國現代激進精神的典型表現，不難在「五四」思潮中得到充分的印證。第二，

《新學偽經考》和《孔子改制考》作為兩部考證性的學術著作，其主要論旨自始便受到當時嚴肅學者的尖銳攻訐。最著名的是朱一新（一八四六—一八九四），他把康有為的考證失誤和內在矛盾一一指出，斷言「新學偽經」和「孔子改制」兩大主題過於誇張，是不能成立的。陳寅恪的祖父（寶箴）和父親（三立）雖然同情康的變法計畫，卻不能接受康的學說，因為他們認為朱的批評是合理的。在這一點上，康實有破壞有清一代考證學傳統的負面作用。錢、陳二先生對這一問題的認識是一致的。第三，康氏此二書在「五四」以後中國史學研究方面則發揮了最大的影響力。我們只要一讀顧頡剛先生的《古史辨》的〈自序〉，便可知他之所以成為疑古學派的先鋒，主要是受到《新學偽經考》和《孔子改制考》的啟發。他並不是要在政治上走「變法」的路，而是欽服康氏竟敢對一切古代經史典籍中所記載的歷史事例採取懷疑的態度。他也沒有接受康氏考證的結論，認為古經籍的「史事」都是作者（包括孔子）為「托古改制」編造出來的。簡單一句話，他讀康氏兩考之後，在思想上獲得了大解放，從而對一切古代記載首先存疑，然後再進行考證。中國現代史學上一場波瀾壯闊的「疑古運動」由此展開，其最顯著的成果便是七大冊《古史辨》。這是歷史常識，不必多說了。

但是不可否認的，康氏的疑古卻不免有過分地方，而「托古改制」之說，更屬異想天開，猶如小說之虛構。錢、陳兩先生，反對「今文公羊學」，其關鍵在此，與康氏「變法」圖強渺不相干。錢先生的意見詳見其《中國近三百年學術史》康有為章，陳先生則在劉文典《莊子補正．序》中說：「今日治先秦子史之學……乃以明清放浪之才人，而談商、周邃古之樸學。」我覺得這句話是針對著康氏一考而來的。

不過，最後，我還要下一轉語，康有為在推動戊戌變法之外，一方面將西方某些價值傳入中國，另一方面又導引出史學研究的懷疑精神，他在思想史上的正面貢獻也是應該予以肯定的。

問：陳寅恪先生晚年詩云：「招魂楚澤心雖在，續命河汾夢亦休」、「俗學阿時似楚咻，可憐無力障東流。河汾洛社同邱貉，此恨綿綿死未休。」錢穆先生說：「中國儒學最大精神，正因其在衰亂之世而仍能守先待後，以開創下一時代，而顯現其大用。此乃中國文化與中國儒學之特殊偉大處，吾人應鄭重認取。」續命河汾、守先待後，當下是否還有這種可能？

答：我一向認為陳先生是悲觀史學家，而錢先生是樂觀史學家。陳先生晚年生活在中共統治下的大陸，又趕上了「文革」初期，當時，中國文化被毀壞、被踐踏、被歪曲得不成樣子，他當然陷入極端悲觀的狀態，然而他「招魂」「續命」之心，卻依然未死。錢先生對中國文化、儒家價值一直抱有堅定的信心，他在一九四九年移居香港就為了「守先待後」。他當然深知這是一個最艱苦的任務，因此強調我們首先必須守住以往幾千年前的文化中心價值，然後才能等待後來有人續起推陳出新。他認為「守先待後」是絕對可能的。我同意他的看法。

問：可是，如今我們的「先」是不是都丟掉了？

答：中國幾千年演進而成的人文傳統，其中包含了無數可貴的人文價值。在現代化的過程中，很多已和現代普世價值合流，一直到一九四九年。中共曾有系統地毀滅它們，以便利於其恐怖極權統治的運作，因此確有不少的「先」已丟掉了。但精神價值的丟失並不簡單，因為失而復得的機會隨時會出現。讓我舉義大利史上「文藝復興」為例。中古時期，由於種種原因，希臘文學傳統已在義大利地區消失無蹤，既無人講授，也無人研究。直到十三、四世紀以後，義大利人文學者才逐漸從法國圖書館中發現希臘文稿，包括荷馬史詩的原稿之類，終於釀成了「文藝復興」運動。這是文化價值失而復得的一個最偉大的史證。中國經史子集的典籍俱在，何況，當年在傳統精神價值中成長起來的先一輩人，早就在有意無意之間把他們的價值意識傳到下一代身上。所以「守先待後」絕不是一種幻想。

問：您認為，漫長的中國思想傳統可以劃分出三個主要的突破：最早的突破大約發生在孔子時代，當時各種哲學派別如儒家、墨家和道家開始創造出最基本的文化傳統；第二次大的突破發生在魏晉時期，那時作為第一個長期大一統王朝（漢）的思想模式——儒家——讓位於玄學清談。接著則是玄、佛合流而成為中國思想的主流傳統，一直延續到第二個長期大一統王朝（唐）的晚期。第三次大突破就是宋代新儒學的崛起與發展，但其遠源必須上溯到慧能（六三八—七一三）的新禪宗，因為這一期的精神特色是「入世轉向」，即突破佛道的「出世」取向而轉向「入世」，最後歸宿到新儒學。如今，中國思想有可能實現第四次突破嗎？

答：第四次突破已經發生了，但中途橫生重大的波折，至今仍未有歸宿。限於時間，這裡只能說幾句高度概括性的話，不可能展開論證。首先，我要提議：「五四」時期所揭出的「民主」和「科學」兩目應視為這次突破的歸宿。我這樣說，好像是說這一次突破完全是西方勢力入侵造成的，與中國歷史的內在發展毫不相干。這本是今天多數觀察者的共識，但我的看法並非如此。根據我最近二、三十年對明清史的綜合研究，十五、六世紀以來，中國社會、政治、經濟、文化各方面都發生了一些關鍵性變動，合起來看，似為第四次突破提供了背景性的條件。首先是「士」和「商」的互動與合流。至遲在十六世紀初，由於人口激增，而科舉名額（貢生、舉人、進士）都沒有相應擴大，許多讀書人都沒有機會考中，但在同一時期，市場經濟非常活躍，經商的人則無往不利。因此當時流行著一句名言：「士而成功者十之一，賈而成功者十之九。」從晚明起，一個「棄儒就賈」的長期運動，便這樣形成的。另一方面，清代學人也指出，明朝以來「天下之士多出於商」。這是指商人有意培養子弟考科舉，於是秦漢以來士、農、工、商的「四民」社會發生了變化，居於「四民」之末的商人上升到和士人並列的高度，其顯著的後果之一是：商人在社會上的影響力相應提高，並連帶著打破「四民」的上下之分。所以，時人有「古者四民分，後世四民不分」的論斷。晚明蘇州曾發生過一次商人、工人和市民為了抗稅而大罷市的事件，在中國社會史上是前所未有的，表現了他們的巨大的社會勢力。更值得重視的是，儒家的社會價值觀也因此而獲得了一次重大的調整，可以看做是思想史上第四次突破的開端。

公元一五二五年，王陽明為一位商人寫〈墓表〉，其中說：「四民異業而同道，其盡心焉一也。」這是非同小可的一句話，承認士、農、工、商都可以見「道」。陽明以儒學大師而肯為一個商人寫墓碑，這件事本身在當時便是創舉，因為明以前文集中尚未見過。而且這確是陽明新儒學——良知說——的核心觀念，並非一般墓碑中的客套話（他說「聖人之學」即是「盡其心」）。他對商人能成聖成賢也言之再三，如「終日作買賣，不害其為聖為賢」，又說雖「賣柴人」也可以和聖人同樣做得「格物」的工夫。所以，良知說最後必然發展到「滿街都是聖人」的地步，並在王艮（一四八三—一五四一）和泰州學派的手上完成它的社會使命。日本已故思想史家島田虔次斷定泰州學派與商業發達和庶民的興起密切相關，因而可以視為中國「近代精神」的一種表現。我很同意他的觀察。明、清儒家思想顯然表現出一種由社會上層向下層移動的傾向，所以泰州學派中人特別歌頌王艮將孔孟之「道」從漢以來經師和文士的手上解放了出來，傳給「愚夫俗子，不識一字之人」。他們甚至說「先師（王艮）之功可謂天高地厚」。其實此功先歸之陽明。甚至在政治上，陽明也放棄了以前「得君行道」的上行路線，一變而改走「覺民行道」的下層路線（參看我的《宋明理學與政治文化》的第六章）。明末黃宗羲《明夷待訪錄》對君權提出種種限制，也是這一思潮的一種突破。這當然不可誤認作「民主」意識的萌芽，但是我相信這一新思路對於晚清儒家接受「民主」觀念是發生過暗示作用的。

對於第四次突破，這裡只能點到為止。讀者如有興趣，可以參看我的《現代儒學論》（上海人民出版社，一九九八）。

問：錢穆先生最後遺稿〈中國文化對人類未來可有的貢獻〉中提到：「中國文化過去最偉大的貢獻，在於對『天』『人』關係的研究。中國人喜歡把『天』『人』配合著講。我曾說『天人合一』論，是中國文化對人類最大的貢獻。從來世界人類最初碰到的困難問趣，便是有關天的問題。我曾讀過幾本西方歐洲古人所講有關『天』的學術性的書，真不知從何講起。西方人喜歡把『天』與『人』離開分別來講。換句話說，他們是離開了人來講天。這一觀念的發展，在今天，科學愈發達，愈易顯出它對人類生存的不良影響。」您如何看錢穆先生這段話？這是不是您寫最新一本著作《論天人之際：中國古代思想起源試探》的一個原因？您認為中國文化對人類未來可有的貢獻是什麼？

答：錢先生這一段「晚年定論」確是他一生的真信仰，毫無可疑。我記得這篇短文在一九九一年傳入大陸後，曾引起熱烈的討論，正面和反面的都有，而且延續了三四年之久。可見，「天人合一」的觀念，今天仍然在中國思想界具有強大的生命力。我不敢對先師的信仰有任何評論，我只想說一句話，即錢說不僅是他個人的信仰，也代表了絕大多數尊重中國傳統的學人的共同認識。讓我舉一個特殊的例子來說明我的意思。金岳霖（一八九五－一九八四）先生一九八〇年發表了一篇英文文章，題目是〈中國哲學〉，其中有一節專介紹「天人合一」的觀念。他也以西方和中國互相比較，注重二者之間的不同何在。他的看法竟和錢先生不謀而合。我們都知道，金先生對西方哲學研究極深切，又對中國哲學有很大的興趣。馮友蘭的《中國哲學史》在哲學思維上得到他的幫助甚多。援錢先生的《師友雜憶》，抗戰初，錢和金同在湖南南嶽，他常來找錢談中國思想，所以他對這個問題確有真切的認識。此文是他一九四三年在昆明寫的，未刊行。馮友蘭寫英文本《中國哲學小史》（*A Short History of Chinese Philosophy*, 1948），將它引印在其中，所以西方讀者不少。一九八〇年三月刊入《中國社會科學學報》中，在大陸尚未有人注意；只有夏鼐在日記中提及，但對內容並不欣賞。金先生此文以凸顯中國哲學的特徵為主，力求客觀，不加評論。因此，我認為他講「天人合一」的一節最可證明錢說抓住了這一觀念在中國思想史上的意義。至於現代中國學人是否認同它，則是一個不相干的問題。

至於我的《論天人之際》，主旨是要通過「軸心突破」論題來澄清中國思想的起源，並不是因為受到錢先生最後一篇文章的刺激。我最早接觸「軸心突破」的問題，是在一九七七年，後來也時時有所討論，不過直到近年才有機會作系統性的全盤考察罷了。

關於中國文化對人類未來有沒有貢獻的問題，作為一個史學研究者，我只能反思過去，不敢妄測未來。

問：《論天人之際》似乎有意對西方進步史觀進行挑戰，余先生如何得到一些新的觀點幫助我們糾正啟蒙思想史的弊病？

答：我寫《論天人之際》並不假定歷史是一個進化的過程，也就是你所說的「西方進步史觀」。但我卻未曾「有意對西方進步史觀進行挑戰」。讓我在這裡做一點觀念澄清的嘗試。

西方進入文藝復興之後，史學家即用過「古代」、「中古」和「近代」的分期，梁啟超在清末已介紹過。稍後馮友蘭更用此分期寫《中國哲學史》，宣稱中國只有「古代」和「中古」，尚未進入「近代」；張蔭麟評論馮書，還特別對這一點加以稱讚。「五四」以後，社會進化論（西方稱之為「社會達爾文主義」）大為流行，有不少大同小異的版本。一九四九年以後，馬列主義成了「國教」，史達林的歷史五階段論（原始共產、奴隸制、封建制、資本主義、共產主義）被奉之為「放之四海皆準」的「歷史規律」，研究中國史必須依之而行。所謂「西方進步史觀」在現代中國的傳播，大致如此。但這裡必須作三點澄清：第一，進步史觀和啟蒙運動

（Enlightenment）沒有特別的關係，似乎不宜把它看作是「啟蒙思想史的弊病」。我注意到，近來有不少人因反共而遷怒到啟蒙思想的全部，包括「五四」在內，這是很成問題的。「五四」是思想開放的時代，西方許多不同的學說和價值都傳進來了，有的生了根，有的一晃而過，這是正常現象。而且多元思維在中國互相爭議是好事，不是壞事。即以上述兩種「進步史觀」而言，各作「一家之言」來看待，我們絕對沒有禁止其存在的理由。一九四九年以後的大錯誤，不在其為「進步史觀」，而在其「定於一尊」。第二，我們不能有一種錯覺，以為「進步史觀」是西方近代史學思想的主流，西方的思想界是開放的，種種不同的史觀都出現過，其中還有反「進步」的史觀大行其道的，如斯賓格勒（Oswald Spengler, 1880-1936）的《西方之衰落》（*The Decline of the West*）和湯因比（Arnold J Toynbee, 1889-1975）的《歷史研究》（*A Study of History*）。第三，最近十年左右，歷史「進化」或「進步」等觀念受到嚴格的檢討。今天很少人還相信有什麼普遍規律為各民族或文化所共有；更不相信西方是先走上「現代」階段，其他各民族落後了一步，但最後也會趕上來。換句話說，現在不存在什麼「進步史觀」足以構成

「挑戰」的對象了。

不可否認的，中國今天面臨一個很嚴重的史學危機。這必須從中國現代史學的萌芽說起。從清末民初，章太炎、梁啟超等人提倡新史學以取代以前的王朝史，中國史學已踏上了現代化的臺階。再經過「五四」新思潮激盪，特別是其中「以科學方法整理國故」的長期進展，中國史學面貌為之一新。錢穆先生回憶他在三十年代北平和當時學人如陳垣、蕭公權、楊樹達、向達、賀昌群、張蔭麟等交往的情形說：「要之，皆學有專長，意有專情。世局雖艱，而安和黽勉，各自埋首，著述有成，趣味無倦。果使戰禍不起，積之歲月，中國學術界終必有一新風貌出現。」

這一段話，字字都反映了當時的真實狀態。我現在抄錄它，也不勝感慨。而且即在抗戰期間，第一流的史學著作仍源源而來，舉其最著名的例子，便有陳垣有關佛道兩家宗教史的研究，陳寅恪對隋唐制度和政治的專論，傅斯年的《性命古訓辨證》，董作賓的《殷曆譜》，錢穆和張蔭麟的兩部史綱等。但自一九四九年起，中國史學研究遭遇到了空前的厄運。上述史達林的「五階段論」（收在《蘇聯共產黨簡明教程》中）成為人人必遵的金科玉律以後，史學研究者已完全失去了構思的自由，任何帶有思想性的歷史論斷都必須以史達林的教條為依歸。所以在整個毛澤東時代（一九四九—一九七六），史學家的主要工作只能集中在史料編輯方面；而由於編輯的原則仍出於教條，材料的收集也漏洞百出。我們今天檢查一下這三十年間出版的規模較大的史學書刊，便立即會發現，當時史學家所付出巨大勞動力，完全是白費了。蘇聯崩潰之後，俄國史學家回顧一九一七年以來的歷史書籍，坦承七十多年來的史學真是一片荒蕪，沒有一部書在今天還有閱讀的價值。中共的情形也如此。

一九八〇年代以來，教條的拘束力雖然也有所鬆動，但定於一尊的意識形態依然如故，構思的自由並沒有顯著的改進。最近由於政權統治的體制發展到了頂峰，意識形態對於史學研究的干預也隨之加緊了。有兩個後果是顯而易見的：第一，所有研究經費都控制在「黨」的手上，只有對「黨」有利的史學論題才能得到慷慨的支援。至於尋求歷史真相但有損「黨」的形象的研究計畫，則必然落空，而且即使寫成了也很難發表。這是我從許多國內大學的史學教授那裡獲得的訊息。第二，最近《紐約時報》等媒體報導，中國大學（如清華）更加強了灌輸意識形態的努力，而「中國現代史」則是其中五項課程之一。這樣一來，中國史學就更遭殃了。我們都知道，中共所編寫的中國近代和現代史，一向以宣傳「黨」的「光榮、正確、偉大」為主旨。但其中也有階級性的差異。早年在延安，尚未得政權，范文瀾編《中國近代史》尚不敢過分宣傳，因為他出自黃侃門下，受過國學訓練，畢竟有所顧忌。一九四九年以後，歷史課本便越來越走向宣傳的路。到了一九六六年所謂「文化大革命」，歷史則完全變成了意識形態的工具，用謊言來抹殺事實真相已成為常態。今天作為大學中意識形態課程之一的「中國現代史」便是徹頭徹尾的偽史。中共已正式宣布對於毛統治下的三十年不許有任何負面的評論，對於毛死後至今的三、四十年更不許稍有「妄議」。試想在這樣的狀態下，今天青年學生所能接觸到的，究竟是什麼樣的「歷史知識」呢？

寫史必須用「直筆」，不能隱藏或歪曲事實，是中國最古老的傳統之一，所以，董狐「書法不隱」，孔子特別稱讚他是「古之良史」。後世朝廷史官在《起居注》中記載皇帝的言行，無論是善是惡，也都援筆直書。唐太宗想看他的《起居注》，便為史官所拒絕。古今對照，不但中國史學危機的深度顯露無疑，而且中國極權統治怎樣摧毀傳統文化也得到了一個具體的說明。

（原載《經濟觀察報》，二〇一八年八月二十七日）

余英時先生授學記

採訪者：何俊

二〇〇一年七月，我去美國哈佛燕京學社做訪問學者。年末，專程往普林斯頓拜謁余英時先生。初見先生，如沐春風，竟從午後三點坐至晚上十點。次年春，又前往請益，先生於數日間耐心地傳道授業解惑。友生童力軍知我有記錄，一直催我整理出來，這裡編的就是那時的記錄。初稿雖呈余先生審改，但記錄整理終是難以復原親炙的情形，今見余先生審改手跡，不啻重回親聆之境。

春來秋去十二年，問道解惑猶眼前。

窗見鹿鳴疏林外，座聞心語明辨聞。
小書齋裡千年史，大戲場外獨步閒。
更喜獅風如火灼，踏石留印行道健。

甲午穀雨後二日收余師審改稿謹識

一、守先待後

許多人可能不瞭解我早年的生活。從日本人侵略中國、抗戰的時候，我就回到鄉下，那是一九三七年，我才七歲。三七年到四六年，我大部分時間都是住在我們安徽潛山的一個叫官莊的小鄉下。那個鄉下的生活，也沒有學校，也沒有現代東西，所以根本就沒受到任何現代教育。私塾也只上了一年半年的。換句話說，我根本就沒有得到正規教育。到一九四六年出來，已經十六歲了，到了瀋陽，那時候已經要開始考大學了，數理化都是趕快去補的，才能勉強考進大學。換句話說，我的經歷使我根本不可能走理科之路。當然，我父親（余協中）是學西洋史的，他是西洋史的教授，還寫過《西洋通史》，我學歷史大概與父親有一點關係。因為理科根本不可能，沒有這個背景，包括英文在內，都是臨時到十六歲以後才開始補上的。

潛山官莊鄉間九年，對我非常重要。我真正接觸到傳統社會——最窮鄉僻壤、最閉塞的，沒有任何變化的，接觸不到任何新思潮的。一切價值觀念、人情來往都是最傳統的，跟一千年前可以說沒有什麼分別的。這種宗親關係，等於中國是一個社會圓圈網。你總有靠親友、親戚關係的時候，不是個個都像《紅樓夢》裡那樣爾虞我詐，當然這一面也有，比如說分財產的時候。但是一般講，這是中國文化的好處，因為親情的關係有親切感。我覺得這個經驗，當時不覺得，後來會在一生中起作用。後來我讀到現代學者講的一大套，好些在我看來，根本是不相干的。講的人自己根本沒進去，根本沒有到那去。拿一些西方的架構問問題，問完問題得結論，在我講都沒有說服力。像階級鬥爭那一套，我覺得跟我看到的情形完全不一樣，地主迫害農民之類的事情在官莊簡直沒有聽人說過。而且因為宗族的關係，農民有時還是你長輩，你不可能迫害他，你還得尊重他。我小的時候，有一位農民比我年長二、三十歲，還是我們家耕田的，我還得向他磕頭，因為他是長輩。這些東西把你階級的東西完全緩和掉了。絕對不是一個階級鬥爭、階級利益衝突的簡單觀念可以解釋得了的。我對中國社會文化的瞭解，是早期一本沒有字的書。

像錢（穆）先生就能夠瞭解，因為他從小是在農村長大的。老一輩像陳寅恪大概還是城市的，所以還隔一點。但他是在政治文化裡面的中心，他有一些那方面的認識。所以每個人的生活世界對你的影響，不能不放在裡面。

我在哈佛念書所修的副科是文藝復興與宗教革命，但是我不可能研究歐洲史，沒有研究的工具。希臘文、拉丁文都不懂，包括其他的文字，看不快，就根本不可能研究。我選擇的專業只能回到中國。但是我心裡想的是，我必須真正瞭解一個階段的歐洲史，作為參照系，再回頭整理中國史。我選文藝復興與宗教革命，是因為這是歐洲從中古到現代的大變動的階段。

說老實話，我在大學根本沒怎麼好好學，因為一直在逃難。在新亞（書院）上課，錢先生那時也很難像在北大時期那樣集中精神教學。他常常要去募錢，新亞要生存，對時局又不滿意，所以許多個人苦惱都在課堂上，無意中就流露出來了。所以我一直到大學畢業，在課堂上學到的知識有限，主要得力於私下和錢先生交往。我跟錢先生的時候，把他的《國史大綱》好好看了，當時還做了筆記給他看，是提要式的。所以那時候，讀書主要靠自己主動去追求，系統地讀書是從香港開始的。

《國史大綱》是錢先生影響最大的書，有很多深刻的見解，它不是一本普通教科書，你要懂它很不容易，文章寫得太簡潔。當然他有一個傾向，基本上是反對傅斯年他們那一派的。他要看中國歷史，要說中國歷史的一種特殊性，特殊的面貌，有個特殊走向，不是能拿西方東西來套的。他主要講各朝代怎麼興亡的這種背景，以及深層的變化。他講南北經濟文化轉移，那是很重要的文章，根據很多量化的資料。他看中心怎麼轉移的，這個你沒法推翻的。以安史之亂為中心，南方怎麼越來越強，文化也是如此，商業也是如此，土地耕種也是如此。然後跟水利的關係，這些都是很具體的東西。他講秦漢統一，對中國來說不是一個普通的專制問題。他打破了中國史是皇帝一人專制的迷思。統治階級專制怎麼專啊？這麼大的國家，一個皇帝怎麼專啊？它的皇帝和制度之間有一種平衡，想專是當然想，可是困難啊，給你增加許多制度。所以不能簡單地看這個問題，以為中國士大夫都是皇帝的奴才。為什麼有諫官制度，為什麼有諫議大夫呢？為什麼要有御史呢？它有一種近乎西方所謂牽制、平衡的問題。皇帝並不具有為所欲為的最高權威，不受任何限制。而且秦以後在五行觀念之下，萬世一姓的王朝觀念已不存在了。這些都是他講中國文化的特性，針對現代人過分強調以西方概念籠罩中國歷史。他最恨的兩句話，一個是剛剛說的皇帝一人專制，另一個是中國社會是封建社會。他說這是不可能的事情，封建早就沒有了，郡縣制統一在一個中央之下。封建則相反，必是分裂的。又是中央，怎麼又封建呢？政治都是專制，不是這麼簡單。從形式的政治學來說，當然它不是民主憲政的，當然是專制的，這是一個純形式的解釋。我們必須瞭解的是，一旦一個王朝成立以後，皇帝到底起什麼作用？這個要具體地研究。《國史大綱》有許多很了不得的見解，但是你要對史學史不熟悉你就不容易知道，他有些東西是暗中和陳寅恪商榷的，如關於府兵制的起源問題；有些是很深的問題，針對某些現代說法作爭辯，不是三言兩語可以解決的。

錢先生的那個《國史大綱》，我認為是很了不得的書，那不是一般的教科書。它表面上是教科書，用綱目體寫出來，但他的「綱」非常簡要，有時只有一句話，「目」也不能暢所欲言，暗藏許多東西，有些是關鍵性的大問題。例如書中談西晉「占田」、「課田」問題，後來引起呂思勉、唐長孺、楊聯陞諸先生的深入討論。這當然不是一般教中國史的老師所能看得到的。

在思想方面，我相信錢先生對我很有意見，而我也不能完全接受他的看法，但彼此只是心照不宣，從未說破。但我研究中國思想史是通過他的著作而展開的，如我寫漢晉之際新思潮和章學誠等都是顯例，並且得到他的點頭，見於他的書信中，他是我師從所出，毫無問題。總之，我的經驗是：只有多讀書，在學問上達到某種高度，才能對他有可靠的認識。

我最初在新亞，聽錢先生的課，留下一個難忘的印象。錢先生當時氣大得很，拚命地罵美國。我最記得有一次，旁邊有一條狗，他罵杜魯門，什麼總統，穿個花襯衫，夏威夷衫嘛，你看那個狗，就比杜魯門有尊嚴。這很使我吃驚，覺得太主觀，太情緒化了。杜魯門穿花襯衫有什麼罪過呢。這給我很大的警惕，必須避免主觀，更不能情緒化。但這在錢先生只是偶一有之，對我則成了一大啟示。

那時在香港主要興趣還不在中國史，對社會科學都很有興趣，人類學、西方哲學這些東西都是相當吸引我的。到哈佛以後，我還聽了不少課，像哲學系的，講歷史哲學的課。我都是正式選課的，不是旁聽。另外，那時候羅馬史，我也正式上過課。西方古代政治思想史，柏拉圖、亞里士多德，都是些很有名的教授講。那時我是真正想探索西方思想，從上古到中古這一段。然後接下來的近代轉型期，我研究更多的是文藝復興、宗教革命，因為這是從古代中古社會變成現在的關鍵時期。這跟我研究中國史的想法連在一起了，作為一個準備，等於是後面的準備工作。我不可能直接把這些東西用過來，用不了，我只是看西方專家是怎麼處理這些問題的。

我當時關心中國現代化的問題，怎麼樣變成一個現代的問題。在這一領域中，錢先生和胡適便分道揚鑣了。錢先生仍可說是「中學為體」，胡則傾向西化，後來改稱「現代化」，我大致處在兩極中間。我認為中國傳統是既存事實，不可能完全拋棄，只能逐漸改進，而現代中國一定程度的西方化也無法避免。

《民主評論》和《自由中國》對我都有影響，我兩個上面都寫過文章，最早的一篇〈論平等〉在《自由中國》。雷震我沒見過，但跟我通過好幾次信。後來我在思想上跟殷海光差得很遠，我寫的〈論平等與自由之間〉他不肯登，雷還寫信跟我抱歉。因為我那時就提出，講自由、平等這些東西，不能脫離中國文化來講。在文化脈絡中怎麼實現平等、實現自由，你不可能照搬西方古典的自由主義。

在《自由中國》與《民主評論》之間，我的基本立場還是偏向《自由中國》多一些。我覺得唐君毅先生太抽象，錢先生有時又太偏向中國傳統，過分的理想化。我從歷史上看，不是很真實。所以我那時讀陳寅恪，反而感覺真實感多。因為他把後面各種各樣的、可能的動機都給你搞出來。陳寅恪《隋唐制度淵源略論稿》，當時是在香港讀的。例如他討論「府兵」制，考慮到宇文泰個人的野心和當時鮮卑部落的關係，以及各部落中的漢族，表面上是依照《周官》理想，實際上是吞併其他幾個部落，把其他部落併吞到自己手上來。後來滿清也是一樣的，八旗要搞成上三旗、下五旗之類，所以你這樣看歷史才能看到真實。不是說照理想觀念在歷史展開的，哪有這樣的事情，那是太天真了。

來哈佛之前，觀察歷史的方法差不多已有了，但不夠清楚。主要是因為在香港讀書太不夠，我在一九五二年畢業時新亞書院還沒有圖書館。要借書只好去美國新聞處和英國文化處兩個地方。

我在哈佛讀研究生第一年（一九五六—一九五七）並未上楊聯陞先生的中國通史課，因為我已有基礎。楊先生也只要我上制度史的課。這是較高級、較專門的課，涉及重要的政治、經濟、社會、宗教種種制度的研究。楊先生出身清華，畢業論文寫的是中唐稅制，陳寅恪先生是他的導師。他的專業是中國社會經濟史，受到北大陶希聖先生的影響不小。他在《食貨》上發表了幾篇文章，受到好評。畢業前又受了吳晗的邀請，寫了一篇長文，題目是〈東漢的豪族〉。這是他的成名作，在《清華學報》上刊出後，不但國人注目，並立即在日本廣為流傳。到美國後他受到進一步的經濟史專門訓練，著述極盡謹嚴之能事。我來美時他已有多種英文專著出版，《哈佛燕京亞洲學報》上的文章與書評使他名聞整個西方漢學界。他廣讀西方經濟學、史學的作品，但並不迷信西方理論。他研究所得都是從中國原始文獻中摸索整理出來的。我受他的指導，才知道做學問必須字字有來歷。我以前有些放言高論的傾向，以後便改變了。我記得第一次向楊先生問學是在我入研究院以前，身分還是「訪問學人」。我在香港寫了一篇論東漢政權與士族大姓關係的長文，我當時並不知道楊先生早有〈東漢的豪族〉的名作。到哈佛後，才有朋友告訴我。我趕快將文稿送請楊先生指正，他叫我到他的辦公室，讓我讀他的「豪族」大文，同時他閱讀我的長稿，兩人同時進行，十分有趣。這事我已在該文講過了，不多說了。今天回憶至此，仍不勝感慨。

在香港時我受錢先生影響最大最深，注重通識，喜歡講大問題，因為錢先生擅長宏觀論斷，又能抓住要點，能用一兩句警策的話籠罩全局。這都是我想學的。但我尚無學力，這樣做是危險的，楊先生的淵博和謹嚴在此恰好是對病下藥，把我從懸崖邊上救了回來。

在哈佛研究院第一年我多選西方歷史和政治思想、歷史哲學等課，我是為了補自己背景之不足，因為我有自知之明，不可能以西方為專業。所以我是多受教，少議論，也沒有和西方老師發生深一層的關係。我的治學大體此時已確定了。

中國人重視傳統，學術傳承，往往以「守先待後」四字加以概括。我在錢先生那裡聽到這一道理，覺得很合口味。這個態度可以使學者不致過分發展一種「自我中心」的傾向。學問是公共的，不是一個人的私有物，這就是章學誠所強調的「言公」。所以「守」的不是自己老師一人之「先」，而是整個學術傳統。「道」非一人所得之私，若專以老師一人為主，那便流為「門戶」之見了。同樣地，「待後」也不是專指自己的弟子或傳人，而應是所有的後來者，否則又是立「門戶」了。另外，我們自己研究得來的東西也當包括在「先」之內。因為嚴格地說，我們一己所得也是得之於以前的傳統，包括老師在內，並不真是我們開天闢地創出來的。至於後人欣賞我的所得與否，這是不得而知的。總之，如借用佛家「因」「緣」二字，則「守先」可以說是「因」，下面是不是可以「待後」，那就要看有沒有「緣」了。

我一九六一年冬天寫完博士論文，六二年春天楊先生去法國和日本講學一學期，所以我有了代楊先生教課的機會。這是我在美國第一次教書，六二—六六這四年我到密歇根大學教中國古代史（到十八世紀止），我還寫成了《漢代貿易與擴張》專書。此書並非博士論文，而是在楊先生「中國經濟史專題研究」班上寫的一篇論文，當時收集中外材料極多，論文只寫了一個綱要。這時有了空閒，便全力以赴，寫成一部書。我在美國從事學術研究，從此開始。六六年回到哈佛，與楊先生合教十八世紀以前中國史，直到一九七七年才轉到耶魯歷史系，一教便是十年。八七年到普林斯頓，到二〇〇一年退休。中間一九七三—七五兩學年我從哈佛告假，回新亞書院，這是償還一九五五年承諾的義務。

二、道問學

我的博士論文是關於漢代神仙觀念的研究，擴展為《東漢生死觀》。寫完《漢代貿易與擴張》後，我才再整理博士論文，先後變成了幾篇學報專論。我在美國教書不能不以英文作品為主。《漢代貿易與擴張》一書可看出我正轉向注意中國歷史與文化的特性。問題包括：中國和外面是怎樣交通的？中國發展、擴張是一個什麼方式？和西方好多內容不一樣。貿易跟政治什麼關係，對外族是一種什麼樣的觀念，外國又有什麼影響，都是跟現代很有關係的問題。中國文化到底是封閉的，還是開放的呢？中國價值觀念在制度上怎麼表現啊，以及像講朝貢制度之源頭，怎麼開始的，講朝貢制度的開始，一個大帝國跟周圍的關係是一種什麼樣的觀念，它怎麼樣分等級的，怎麼樣分內外的。因為寫了這個書，後來《劍橋中國史》約我寫漢代外交關係。實際上寫那一章已經又有新發展了，跟那個書已經不一樣了，尤其在匈奴的方面。也因為這部書，內陸亞細亞名家賽諾（Denis Sinor）又邀我寫「匈奴」一章，收在《劍橋內陸亞細亞早期史》之中。這是我在美國治學的一個主要環節，中國讀者並不知道。

我寫漢代的那個研究，實際上是個文化史研究。我要通過經濟制度，怎樣達成關係，中國人和匈奴怎麼打交道，在我的帝國系統中占什麼位置，這實際上後面是一個觀念。後面是觀念，前面是事實。不經過那個事實根本沒有辦法。

漢代那本書是講一個結構，我要給它立體化，把歷史立體化。我不要一個平面。平面無限發展，那就糟糕了，是在地上鋪了一地，提不起來，站不起來。做漢代這個研究，我想也有個好處。我從前做過社會史、社會經濟史，以經濟為主的，這讓我瞭解中國史多面的，不限一面的。如果你老研究思想層面，其他都不碰，對思想史的認識也有局限。

漢代那部英文書出來以後，沒有再花大力氣去寫英文專著，原因就是去香港，這個是轉折。我回港前，先訪日本，再去台灣，發現我寫的英文著述，幾乎沒有人看，日本漢學家更是如此。所以我決定用中文寫專著，然後用英文寫一篇提要式論文，給西方讀者看。這就可以兩者兼顧了。

我剛來美國的時候，英文也是不行的。我英文根本就沒好好學過，只是自修的。只有看書的能力，但是我從來沒機會說話，新亞哪有什麼機會說英語呢。所以我英文並不算好，我只是勉強做到「辭達」兩字而已。我只能說現在可以寫學術性的文章沒問題。我有的話就是從中文轉過來的，實際上這兩種語言也有相通的部分。你真正能把中文寫出一種氣勢，那麼英文你自然無形中露出來。把英文變成你的工具，這就夠了。

用文言文寫作，是因為有些東西是用文言文表現比較好，比白話更有味道。像《方以智晚節考》，寫的是一個情感上忠於中國文化的遺民，他那種心情，還有引的文字，多半都是那個時代的遺民特有語言，有一種悲慨之氣，改寫白話，味道全失。採用什麼文體，與題旨有關。

我寫《紅樓夢的兩個世界》純出偶然。大約在一九五〇年代初，我在香港讀了俞平伯、周汝昌等人的研究文章，開始系統地讀《紅樓夢》文本，忽有所悟，我因此斷定曹雪芹有他獨特的文學構想，並不是胡適以下所說的「自傳」。自傳是《紅樓夢》的材料，確乎不錯。但作者更要表達的是他的藝術想像。全書的結構和設計也是與構想配合的。我斷定「大觀園」和「太虛幻境」是二而一、一而二的。全書十分複雜，此處不談。我覺得應該把「紅學」從「曹學」的困境中拯救出來。我的悟解當時並未寫成文字，一直到八、九年後在哈佛研究院時，才在同學小集合中作了一次口頭報告，把所悟整理得較有系統，但仍然未寫一字。恰好一九七三年我回香港，正值中文大學十周年紀念，有人知道我對《紅樓夢》的看法，由宋淇先生出面，請我講演，這才有〈紅樓夢的兩個世界〉一文問世，當時即譯成英文。接著便有〈近代紅學的發展與紅學革命〉的論文，第一次運用了庫恩（Thomas S. Kuhn）的《科學革命的結構》一書中的理論，解釋紅學的幾次變遷。這篇文字激起了不少爭論。

我在香港擔任新亞書院校長兩年卻是我平淡人生中一次波瀾洶湧的日子。我不幸在這兩年輪到兼任中大副校長的職位。又恰好香港政府決心要改革中文大學，使三間基礎書院——崇基、新亞、聯合——不再獨立於大學行政中心。因為前此十年是「聯邦」制，三學院基本上獨立，學院校長——當時稱「校長」，President，與大學總校長是平行的，開會時每一院校長都有否決權。不但如此，各學院也有完整院系和行政系統，各屬自己董事會管，大學不能過問。我因副校長之位而被指定為改制工作小組的主席，從一九七四年夏天到一九七五年的五月，前後開了一百四十多次的會議，商討如何改革。我盡量想保持三校完整和獨立，最終共同寫了一份報告。但兩面不討好，港府固不肯接受，新亞方面唐君毅師竟誤會我「出賣」母校，在背後鼓動學生寫大字報批我。牟宗三先生也參加這些背後集合。牟先生和我是圍棋之友，平時關係很好。當時在新儒家三大師中只有徐復觀先生打電話給我表示同情，勸我不能辭職，又在《華僑日報》寫文責備香港政府和中大當局，但對我同情。我為此曾對唐先生當面說：您是老師，有問題應直接找我說明，因為這件事我已向新亞董事會作了報告，而且您自己也是董事之一。現在你們不公開和我討論，問清楚真實情況，卻在背後鼓動學生向我貼大字報，實在不能叫我心服。唐先生也無話可說。不過事後，我還是理解唐先生確是為了理想而奮鬥。這是一場不幸的誤會。但我對新儒家在理論上陳義高遠，而實踐中卻和常人差不多，不免感到失望。

我表彰陳寅恪是因為尊重他那「獨立之精神，自由之思想」，更同情他一再受壓迫而始終不屈不撓，但並不表示我要追隨他的學術路向。我有自知之明，根本沒有條件走他的道路。而且我對於不少史學前輩都很敬重，不過並不「崇拜」，如陳垣、呂思勉、柳詒徵等，我都從他們的著作中盡量吸取所長。我對於陳垣尤有敬意，因為他是我父親在燕京大學時的業師。今天史學界提「史學二陳」來，大概沒有人不敬佩，他們兩位也確是各有千秋。以掌握中國史料而言，陳垣或尚在陳寅恪之上，不過以現代的概念化來說，陳寅恪似勝陳垣一籌。

這一點和中國學問的現代化有關係。試以孫詒讓（一八四八—一九〇八）與王國維（一八七七—一九二七）為例，孫氏的經、子之學在清末的貢獻最大，他的《周禮正義》和《墨子閒詁》都是不朽之作，而且他也是最早研究甲骨文的先驅之一。他是清末上承乾嘉考證傳統，下開現代學風的一位大師，同時代無人可及。但以國學研究現代化而言，我們則都公認王國維的貢獻最大。以經學功夫而言，王當然趕不上孫，但王的時代稍晚，受到了西方史學、哲學、文學各方面的深厚影響，使他在概念化方面達到前所未有的境界。因此在他手上，乾嘉考證發揮了更大更廣的作用，例如中國戲劇史的考證，王便是開天闢地第一人。

清代學術是儒學發展史上一個重大的轉型階段，它主要表現在對於古代經典文本進行深入的分析和研究。由於經典文本中涉及的方面極多，如名物制度、六書九數、天文曆法、訓詁音韻等等，這種分析和研究工作一旦展開便必然形成一個長期的學術運動。當時參與運動的學者即稱它為「考證」，其目的是要把經典文本中涉及的一切事物弄清楚，如「明堂」是什麼？「弁服」是什麼樣子？「車制」又是怎樣運作的？他們認為只有將一切名物、制度等都考證得明明白白以後，我們才能真正懂得經典文本的原來涵義；古代聖賢訓示我們的道理，當時叫做「義理」，只有通過這樣的「考證」才能顯露出來。所以「考證」是發明經典中所蘊藏的「義理」的不二法門，這是清代主流學術界的共識。

考證學運動為什麼發生在清代？這問題過去有好多答案：有人以為受耶穌會傳來的「西學」影響，如陳垣；有人以為明末清初知識界厭惡「理學」空話，便轉向研究經典實學，如梁啟超；更有人認為滿清文字獄厲害，逼得學人逃到不涉思想問題的經典考證中，很多人都信此說。這些答案都是從外緣方面探索得來的，雖然也或多或少與清代學術思想的發展有些關聯，但畢竟只能算是一些助因，沒有觸及核心部分。

我們通察宋明儒學的發展過程，便可知從「義理」到「考證」的轉變主要是儒學史的內在理路逼出來的，任何外緣因素都是次要的。最簡單地說，宋明時期程、朱和陸、王兩大流派的爭論一直是在「義理」，或哲學的層面進行的。到了王陽明（一四七二—一五二九）時代，「義理」之爭已走到盡頭，雙方都提不出更新的哲學論證了，然而還是不肯罷休。在這一情況下，「義理」之爭終於發展到經典文本上來了。何以有此轉向呢？理由很簡單。無論是程、朱派還是陸、王派，都堅持「義理」不是自己向壁虛構的，而是來自孔、孟、六經的原始文本。

既然如此，他們便必須進一步證明：對方的解讀是錯誤的，只有自己才得到了正解。所以王陽明為反對朱熹關於「致知」、「格物」的說法，最後竟轉而要重定《大學古本》，這就進入文本考訂和訓詁的領域了。同時他的論敵羅欽順（一四六六—一五四七）也明白指出：關於「心即理」和「性即理」之間的是非只有「取證於經書」才能獲得最後的解決。這更可證明明清學術思想從「義理」轉向「考證」是內在理路逼出來的。關於這個問題，我在《論戴震與章學誠》專書中已有較詳密的論證。我現在要強調的是：清代考證學在中國思想史以至文化史上有極重大的意義，並且影響到中國現代思想與文化的興起。這是我以前提到過但沒有充分發揮的一個論點。

現在讓我以最簡單的方式把這一論點交代出來。有清一代的考證運動在儒學史上發揮了一個十分重大的功能，即將知識，或學問的價值普遍地建立了起來。龔自珍（一七九二—一八四一）曾明白指出：儒學有「兩大端」：一「端」是「尊德性」，另一「端」則是「道問學」。但進入清代以後，「其運實為道問學」。這是他對於清學性質所作的整體斷定。他是段玉裁的外孫，自幼即得到外祖父的賞識，這幾句話是必須受到我們重視的。首先值得注意的是在整個宋明理學傳統中，「尊德性」一直被尊為儒學的終極追求，「道問學」雖然也很重要，然而畢竟是為「尊德性」服務的，豈能平列為儒學的兩大「端」？可見龔的提法已落在「道問學」的範疇之中，顯示「知識」的地位已大為提高，足以和「道德」並駕齊驅了。馮友蘭談戴震思想，認為其中有一個預設：「知識即道德。」其實這一預設不限於戴氏一人，而潛存於整個清代考證學運動的背後。梁啟超斷定清代考證學體現了「為學問而學問」的精神；他出身考證，他的感受是很真切的。「為學問而學問」即相當於「為知識而知識」。戴震又常說：「知十而皆非真，不若知一之為真知」，這句話恰可印證梁氏的論斷。當然，清代經學家仍然推崇「尊德性」，但其實只是門面上的事。他們的終極關懷則在「知識」。一個最明顯的例子是段玉裁。他把古韻中「之」、「脂」、「支」分成三部，是當時一大發明，然而他並不懂得為什麼這三音在古代竟讀法不同，因此寫信給同行友人說：如果足下知道其故，務請見告，我「得聞而死，豈非大幸」。這是暗用《論語》「朝聞道，夕死可矣」的典故，可見「真知」在他的心中已取得了「道」的無上地位。但在宋明理學家的眼中，段玉裁簡直可以說是「玩物喪志」到了極端。

總而言之，「道問學」雖早就成為儒學的一個重要的組成部分，孔子也說「思而不學則殆」，但只有在清代，「實證知識」的崇高價值才因考證學的興起而普遍地建立起來。這是一個劃時代的大變動，對「士」的思維方式發生了潛移默化的深刻影響。清末學人如梁啟超等之所以重現「實證知識」，因而很自然地接受了現代科學及其方法，正是由於清學的背景。五四以後，「以科學方法整理國故」則是更進一步的現代轉化；傳統的「士」也因此而轉變為現代「知識人」。

三、士與知識人

錢（穆）先生一向注重「士」在中國史上的無比重要性，我很受啟發。「士」成為我的研究重點之一也起於這一淵源。我的研究取向大致可以分三方面：第一，注意「士」的社會身分在歷史上的變化，如戰國的「術士」一變而為漢的「士大夫」，明中葉以下「商」與「士」的合流等等。第二，「士」雖有社會背景，但又能超越自身的社會處境。所以「士」的精神向度更為重要，這是因為「士」在本質上是精神價值的守護者和發揚者。孔子「士志於道」一語早就清楚地點明了這一事實。「道」即現代人所謂的「精神價值」，且並不限於儒家，墨家和道家也無不以「道」自任。自「軸心突破」以後，「道」便成了中國超越精神領域的通稱。現代有些人說「士」和「地主」、「官僚」是「三位一體」，那是對「士」作了最膚淺的解釋。第三，為了闡明「士」的中國文化特色，我將「士」和西方的情況加以比較。前近代的西方有兩類人和中國的「士」可相比較：一類是古希臘的「哲學家」，他們憑「理性」認識自然世界和人的世界。另一類是基督教的傳教士，持「信仰」來拯救人。「士」和這兩者各有相近似的地方而整體不同。就「道問學」一方面說，「士」近於「哲學家」，但就「尊德性」一方面說，卻又近於傳教士。倒是西方現代所謂「公共知識人」，Public Intellectual，和「士」最為相似。我用「知識人」代替流行的「知識分子」，這是因為近幾十年來，「分子」被過分濫用，早成為貶義詞了。我要恢復 Intellectural 在中國的「人」的尊嚴。

錢先生把中國的未來寄望在「士」的浴火重生上面。在這一點上，他和他的朋友孟森先生是一致的。孟先生在一九三〇年代的《獨立評論》上寫過〈論士大夫〉一篇有力的文字，又有計畫編一部《士大夫集傳》。這當然是想在現代社會中繼承並更新中國「士」的傳統。即使是倡導民主最熱心的胡適，在和孟先生討論時也強調中國需要有一個自覺的知識群體出來領導現代化的運動。因此胡適從三十年代的《獨立評論》到五、六十年代的《自由中國》，都是向知識階層宣揚民主、自由、人權等價值。

中國現代知識人源自「士」的傳統，因此不可避免地帶有一種文化特色，與西方現代知識人在大同之中不免存在著歧異。這裡姑說兩點：第一，從追求民主、自由、人權等普世價值到採取實踐行動，中國知識人都當仁不讓，包括多次革命在內。西方學人對這一點很感詫異，因為西方知識人雖也提倡普世價值，但並不將求得其實現看作是他們的特有的責任。有人便曾指出：中國知識人以民主實現為己任必是儒家傳統的現代引申。在西方追求民主等則是所有公民的事，不屬一個特殊的群體。第二，中國現代知識人對於執政集團及其最高領導人，無論是什麼名義，在建言之際，往往使人感到有傳統士大夫向朝廷和皇帝上條陳的味道。他們似乎仍仰視大權在握的政治領袖，不敢與之分庭抗禮。這就失去了現代知識人的獨立人格和尊嚴。康德說，所謂「啟蒙」可以理解為「公開運用理性於一切事物的自由」。其實這便是現代知識人，尤其是「公共知識人」的基本精神。換句話說，他們對一切有關公共事務，只憑理性向全社會發言，該批判的便批判，該建議的便建議，根本不考慮政府及其領袖是否會因此憤怒。這是現代知識人和傳統所謂「言官」的不同之處。以往王朝時代的「言官」中也有很可敬的人物，甚至不惜身家性命以爭取正義的伸張。但深一層觀察，便可見他們運用「理性」是私下的，而不是「公開的」，向朝廷所上條陳或諫書只能入皇帝宰相之目，不能向全社會訴求。五四以後中國出現了新興的知識人，敢於「公開運用理性」，不畏強權，然而這樣的人畢竟很少，更多的是對現有政治權威心存畏忌。至於那些「揣摩上意」以圖迎合的「風派」則更不值得談了。

總之，我相信中國是否能走上現代文明的坦途，知識人作為一個群體占有關鍵性的地位。他們如果能善用「士」傳統中的許多優點而避免其劣點，則可以充分建立起陳寅恪所謂「獨立之精神，自由之思想」，因而成為現代價值的維護者。前面已說過，孔子早就提出了「士志於道」的號召，中國知識人確有化傳統為現代的精神資源。五四時期的思想領袖如蔡元培、陳獨秀、胡適等等便曾體現了「士」的現代化。

就我所能見的資料而言，我覺得從「士」轉化為現代公共知識人，胡適是一個很成功的例子。以他和國民黨以及蔣介石的關係為例，在北伐剛成功，蔣的權勢如日中天的時期，他首先在《新月》上發表批評孫中山思想和要求尊重人權的文字，差不多已到了以「反革命」入獄的境地。後來他和國民黨合作則建立在兩個原則上：第一，對抗日本侵略；第二，國民黨改「一黨專政」為憲政民主。所以一九六〇年蔣違憲選第三任總統，胡在公開和私下都堅決反對；其結果便是《自由中國》的被封閉和雷震入獄。胡適還有一件事喧騰眾口：一九五八年四月就任「中研院」院長，蔣出席致辭，大大恭維胡的道德成就。對於這種公共場合的客氣話，通常受之者大概都三言兩語敷衍過去。但胡適為了維護「中研院」科學研究的尊嚴，竟以「『總統』錯了」四字開端，並進一步強調：他領導「中研院」是靠科學方法和理性思維，而不是傳統的「道德」。蔣從來沒有在公開場所遭到如此尖銳的駁斥，當時憤怒可想而知，但又不便發作。從此以後他再也沒有出席過「中研院」會議。我們看胡適的《日記》，即可見他每次與蔣談話都不亢不卑，保持了知識人的批評立場。這是經過一番歷史反思和精神修煉才能取得的成就。胡適的古典背景使他肯定傳統「士」「以道自任或自重」的態度，以及接受「理高於勢」的基本原則；但是他所受到的西方教育卻使他超越了傳統的「道」或「理」的具體內容。在他的信念中，現代的普世價值已取代了原來的「道」或「理」。他的現代轉化是相當成功的，足供我們參考。今天胡適又開始受到新一代知識人的崇敬，絕非偶然之事。

我的專業是思想史，儒家在歷史上的流變是我的研究重點之一。因此引起一種誤會，頗有人把我看作儒家，或「新儒家」。其實，我的主要興趣根本在於研究工作，希望在所選專業的領域中取得一些真實的成績，對於同行們產生積極影響。我一直欣賞西方學術界流行的一句老話：一個研究工作者的最大榮譽是姓名能出現在其他學人著作的「注腳」中，footnote，而不是在報紙的「頭條」新聞上，headline。我自問生平志業即在追求中國思想史方面的新知識，絕無興趣做「公共知識人」，因此從未參加過任何有組織的政治、社會活動。我雖然在治學之餘，偶然發表一些有關世事的評論，那也不過是稍盡現代公民的言責，即康德所謂「公開運用理性」的表現，如此而已。

又有人認為我屬於激進的保守派，這大概也是由於我在歷史論述中對於儒家的作用較多肯定之語，這更是毫不相干的誤讀。現代治史學的人有一個共識，便是盡最大可能不讓自己的價值觀念干擾史事研究。只有如此，我們才能試建一種客觀的史事真相。史家也都承認這是不容易做到的事，然而不作這種避免主觀偏見的努力，客觀歷史便根本不可能出現了。史家之間的互相批評也是以彼此的價值偏見為重要對象之一。

我之所以不承認自己是「儒家」，是因為秦、漢以下所謂「儒家」一直在隨著時代而變動，而這些變動又是由於吸收了其他各學派的思想成分而來。漢代儒學名篇《中庸》受道家宇宙論的影響甚大，董仲舒的政治社會觀念中則滲進了不少法家的東西，《春秋》斷獄和三綱之說等。宋明理學現在已普遍被看作是「新儒學」，但它從禪宗的洗禮中轉化出來，也是大家的共識。甚至二十世紀以後，提倡儒家的人往往是通過西方哲學，如康德、黑格爾之論來重作解釋。所以我即使想歸宗儒家，也無所適從，何況作為史學工作者，我並不覺得必須在思想上把自己隸屬於某一特定的哲學系統之內。史學研究必須根據題旨和材料，採用種種不同的方法和預設，這便是我一向強調的「史無定法」。陳寅恪先生便提供了一個最好的實例。我們通常都把他看作一個極端的文化保守派。事實上，他大聲疾呼：「獨立之精神，自由之思想」，明明是接受了自由主義的基本原則。他又在

《論再生緣》和《柳如是別傳》中為婦女爭自由與平等，不惜公開摧破「三綱」之說；其激烈的程度不在譚嗣同、陳獨秀之下。我們豈能簡單地用「保守」二字來概括他在文化價值方面的取向？他的「文化保守」只能這樣理解：他認為中國思想傳統中包含了不少與現代普世價值可以互相溝通的資源，這是必須加以保守的。「不能倒澡盆中的水竟把盆中的嬰兒也一起倒掉了」，這句西方俗語是很傳神的。

我對於中國文化傳統也是抱著這一態度，上世紀末我在牛津大學講「民主、人權與儒家文化」，便是從這一觀點追溯中國儒家傳統中有關「民主」、「人權」的意識。中國沒有西方的概念，但是有著大同小異的意識，不過是從不同角度，並用不同名詞表達出來。事實上，中國傳統文化中，這一類大同小異或異名而同實的意識俯拾即是，多得數不清。讓我再舉陳寅恪為例。陳先生從早年為王國維寫紀念碑，到晚年寫《論再生緣》、《柳如是別傳》以及其他數篇文字，一再用「真理」二字。他甚至露骨地說：沒有自由思想，沒有獨立精神，便不能發揚「真理」；他同時又堅信「真理」是永遠不能「磨滅」的。「真理」當然是從西方傳過來的一個新名詞，但細加推究，我們立即發現，他的「真理」便是傳統的「道」或「理」的現代新版。他在晚年〈贈蔣秉南序〉中則特別強調自己一生未嘗「曲學阿世」，這也是他對於「真理」作為一種價值所表達的無上敬意。這四個字出於漢代一位老先生警告公孫弘的：「公孫子，務正學以言，無曲學以阿世！」他要一大夫維護「學」中「真理」，不能為個人利害的關係作任何歪曲。由此可知，「真理」的概念雖非中國所固有，但關於「真理」的價值意識卻源遠流長；現代中國知識人對「真理」一詞之所以能一見如故，絕不是偶然的。

中國文化中和普世價值可以互通的意識並不限於儒家。儒、釋、道是中國自來公認的三大思維系統，道、釋兩家中也同樣含有許多普世價值的意識。這是必須專門研究的大課題。試以「自由」、「平等」二詞為例，都是因佛教徒的使用才在中國流行起來的。「自由」兩字雖在漢代已出現，但其實是因後來禪宗常用而流入詩人之口；「平等」則根本是佛教名詞，如「聖凡不二，人心平等」之類。其原義雖和現代普世價值不同，但畢竟有相通之處，所以才被借用 freedom 和 equality 的譯名。「自由」和「平等」的意識也是莊子思想的一大特色。〈逍遙遊〉便是對於自由境界的嚮往，即〈天下篇〉所謂「獨與天地精神往來」。他所嚮往的是個人的精神自由，和西方建立在法律基礎上的個人自由不同，但莊子思想為中國知識人提供了一種背景，使他們能很快地接受現代自由觀念。莊子又說過一句很重要的話：「天子之與己皆天之所子。」這是說：人君和我自己同樣是「天」之「子」。依這一說法，一般庶民和人君，所謂「天子」之間，並無高下之別，這可以看作是君民平等觀。這一看法在魏晉時期得到新道家，如阮籍、鮑敬言的進一步發揮，終於出現了一種「無君論」式的無政府主義。他們不但將政治秩序的作用壓縮到了最小的限度，而且還特別強調集體秩序正是為了使所有個體、個人都能自由地實現他們自己。道家思想中存在著不少可以與現代價值互相印證的意識，是不容懷疑的。

以中國本土思想接引外來觀念最早始於魏晉以下佛教傳入的時代，當時稱之為「格義」，即將佛典中概念與儒、道書中相近似者互相配合，使初學佛的人易於瞭解。這一「格義」方法的運用，在佛教征服中國的過程中發生了很大的功效；因此佛教終於成為中國「三教」之一。最近一、兩百年來，因為和西方文化多方面接觸的緣故，中國學人的主要努力便集中在「格義」上面。但因西方文化內容極為複雜，而佛教則僅僅是一家宗教，一難一易，是不能同日而語的。佛教的「格義」最初雖有勉強的附會，最後卻十分成功。依陳寅恪的判斷，宋代理學的成立也是「格義」的一大成就。不幸現代的中、西「格義」卻是失敗遠大於成功，至今仍然在摸索之中。我相信，中國進入現代普世文明的主流和我們今後在「格義」方面是否能走上正路，是密不可分的。

在西方傳入的價值之中，現代知識人最重視的大概要算「自由」。嚴復譯穆勒《群己權界論》，即 J. S. Mill, *On liberty*，對「自由」觀念，他用「自繇」兩字，進行了最早、也最有系統的介紹和討論；「思想自由」、「言論自由」等名詞都在譯文和「譯凡例」中一再出現。這部書是一九〇三年出版的，因此我們可以斷言，「自由」作為一個核心價值是從二十世紀開始才在中國普遍流行的。大約也在這時前後，美國革命家「不自由，毋寧死」一語也傳到了中國，並且立即成為家喻戶曉的名言。但是在學術和思想的領域中，「自由」往往是和另一價值「真理」連在一起的。「真理」一詞也是嚴復在《群己權界論》中常用的譯名，truth；他在「譯凡例」中說：「須知言論自由，只是平實地說實話求真理，一不為古人所欺，二不為權勢所屈而已。」前面談到陳寅恪的〈王國維紀念碑〉和其他作品中有關「自由」和「真理」的論點，其實便是從嚴復這幾句話中引申出來的。這裡我們同時也看到，中國文化傳統中確實擁有不少精神資源，可以引導出現代的普世價值。換句話說，這是「格義」成功的例證之一。

我之所以選擇中國思想史、文化史為終身的專業，也是受了這一求「真理」的精神的感召。我一向以為中國現代化是一個整體性的大運動，絕不是「富國強兵」這一急功近利的目標所能盡。除了政治、經濟、軍事等實用方面之外，學術思想則是現代化進程中更為根本的部分。我們只要稍稍回顧一下西方的情況便可以得到這一認識：西方從中古走向近現代，始於文藝復興、宗教改革，再經過科學革命和啟蒙運動，最後才發展出工業革命和民主革命。在這個意義上，我對五四新文化運動是十分肯定的。陳獨秀在五四時期所提出的「民主」和「科學」兩大綱領，一直到今天還是多數中國知識人嚮往和追求的現代價值。但由於「格義」碰到了不少歧途，以致一百年來中國距離「民主」和「科學」的目的地還是相當遙遠。這個問題太複雜，姑且不談。但應該鄭重指出，「民主」和「科學」不是彼此孤立的，而是五四運動的一體兩面：前者指政治、社會結構的新安排，後者則指在自然世界和人文世界不斷建立新的知識。當時胡適首先接受了「民主」和「科學」作為「新文化運動」的綱領，但進一步說明：這兩大綱領具有一個共同的前提，即必須建立在「評判的態度」的基礎之上。所謂「評判的」，今天叫做「批判的」或「批評的」。

胡適的說明確已抓住了「民主」和「科學」的本質，但可惜對「評判」的涵義沒有作深入的發揮。我認為卡爾．波普爾（Karl R. Popper, 1902-1994）的《開放社會及其敵人》（*The Open Society and Its Enemies*）一書很可以幫助我們認識「民主」和「科學」在五四運動中的綱領作用。最簡單地說，波普爾所謂「開放社會」指的是一種向理性批評全面而永遠開放的社會。在這一社會中，不允許有絕對不可動搖的最高權威的存在，包括制度和思想上的最高權威，那便是中國傳統社會所謂「定於一尊」。為了保證開放社會可以持續下去，我們必須建立一個民主的政府。因為民主也同樣遵循「開放」的原則，對一切因理性批評而引出的反對意見，只有尊重而絕不鎮壓。只有這樣，社會和政治才能不斷地改革和修正。最後波普爾則特別強調「科學」的無比重要性。他毫不含糊地指出：開放社會和民主政治的順利發展則必須依賴科學的引導。為什麼呢？科學是知識的來源，而對社會和政治的理性批評則往往以新知識為基本根據。因此科學所不斷提供的新知識正是社會和政治得以改進的原動力。不但如此，科學也和民主一樣，是不能「定於一尊」的；科學家不但不盲從任何權威，而且還永不止息地向現有的權威挑戰。波普爾的分析一方面澄清了五四時期「民主」與「科學」之間的複雜關係，另一方面也進一步發揮了上引康德關於「啟蒙」的界說：「公開運用理性於一切事物的自由。」

四、中國思想的特點

常常有人問我：為什麼我不認同所謂現代「新儒家」？其實理由很簡單：首先，我是一個歷史研究者，自始便接受了多元價值的立場，無法信仰任何一家一派的理論系統，特別是宗教的或哲學的系統。其次，現代「新儒家」是從哲學，尤其是日耳曼哲學，康德、黑格爾等的特殊觀點來重新詮釋儒學，而我則是從史學觀點研究儒學在中國史各階段的實際功能和變遷。概括地說，「新儒家」偏向純抽象思辨一條路，我則根據可靠的資料，進行實證的和客觀的研究。兩方面可以各行其是，各有領域。

這裡要澄清一下「新儒家」這一概念。我指的是海外的特別用法，專指熊十力先生和他的大弟子唐君毅、牟宗三兩先生開創的一個中國哲學流派。唐、牟二先生在香港、台灣的大學中長期任教，教出了不少傑出的哲學學生，所謂「新儒家第三代」。我也曾受教於唐先生，又和不少「第三代」是朋友，以私人交情言，我和他們之間並無衝突，對於唐、牟二公，我更是很敬佩的，只是不能全心全意接受二公的哲學系統而已。其中關鍵所在是他們強調：真心要做一個儒家，首先必須親「見道體」。所謂「道體」，指流行於宇宙之間的一種精神實體，也就是價值的源頭。「見」道體大致即相當於基督徒之「見」上帝。我沒有這種宿慧，始終得不到「見道體」的直接經驗，所以絕不敢以「新儒家」自居。我甚至不敢斷定宇宙間是不是存在著這樣一種精神實體，但也沒有足夠的證據可以斷然否定他人有過「見道體」的經驗。在這個大問題上，我只好採取不可知論 **agnosticism** 的立場。

我和新儒家之間另有一點距離，即我不同意把儒學完全看作所謂「哲學」，因為哲學是西方文化的特有產品。「哲」在古代中國是「知人」之意，所謂「知人則哲」，與希臘「哲學」為「愛智」之意根本不同。近代中國人接受了日本人的翻譯，「哲學」一詞才逐漸通行。一九一九年胡適的《中國哲學史大綱》（上冊）流行極廣，於是學術界普遍採用了。我覺得一般性討論中，「哲學」也不是不可用，但嚴格說來，「中國哲學」的稱號是很成問題的。傅斯年從德國回來後，便對老師胡適「中國哲學史」一名表示懷疑。後來胡適自己也不用「哲學」，而改稱「思想」了。

我把自己的研究領域規定為學術思想史，其中也包括可稱為「哲學」的東西，因而和哲學史研究者也有部分交涉。但「哲學」在我而言，是處於相當邊緣的位置。過去中國哲學史或思想史的研究都從先秦諸子開始。這是很自然的事。不過我認為應該再向前追溯，追到諸子之前，那時還沒有「哲學」或系統性的思想流派。這一方面的試探我在一九七〇年代便已開始，不過未作系統性、全面性的展開，只是斷斷續續地論及。一九九〇年代末，我才花了一、兩年時間草成了一部英文論稿，正文已寫完，只是無時間補寫注腳，而注腳卻相當重要。因此只自印了幾十套分送相關友人閱讀，徵求大家的意見和批評。不料就在這個時候，我因為《朱子文集》新版本寫序論，一發不可收拾，寫了一部《朱熹的歷史世界》，英文書就擱下了，只發表過一篇提要，和其中論禮樂起源的一章，是香港《二十一世紀》刊物請人翻譯為中文的。我的英文書名定為 *Between the Heavenly and the Human*，是從中文「天人之際」譯過來的。根據我的研究結果，「天」指超越世界，「人」指現實世界，但「天」的意義在上古時代和諸子出現以後變化很大。以前的「天」是天上的「帝」或「神」，可以降福、降禍於人世。地上人王便是從天上的「帝」或「神」那裡得到「天命」，以統治地上王國和萬民。所以人王必須時時向「帝」、「神」祈禱祭祀才能長保「天命」不失，這是上古「超越世界」的性質。為了和天上神祇溝通，人王必須用「巫」為中介，因為「巫」有一套特殊的技能可以打通神的世界，並可請神下降人世。這個「巫」的信仰相當普遍，人王、諸侯、貴族，甚至庶民都相信「巫」有「降神」的法力。這就是王逸注《九歌》中講的「古者巫以降神……神降而托於巫」。「托於巫」即指從天上降下來的「神」寄託在「巫」的身上。所以「巫」必須沐浴、敷香氣，並穿華服以接待「神」。但是在諸子的系統思想建立以後，「天」的涵義變了，儒、道兩大派都不再相信「天」是「人格神」了。在孔、老、孟、莊各家文本中，我們看到「天」已變為一種超越的精神力量，瀰漫在宇宙之間，當時普遍稱之為「道」。這是諸子興起以後的「天」，是一個全新的「超越世界」。正如後來董仲舒所說：「道之大原出於天，天不變，道亦不變。」照當時一般的理解，「人」如果想和「天」，也可說是「道」相通，完全不需要「巫」作為中介，而必須修煉自己的「心」，也就是說，「心」取代了「巫」的地位，成為「天」與「人」之間的媒介。一旦「心」修得十分「虛」、「靜」、「清澈」，「道」便會駐進其中，所以有「心靜氣理，道乃可止」之說，而且還出現「心」為「道舍」的觀念。很顯然地，「道」以「心」為「舍」的想像是從舊「天人」關係中「降神」的信仰蛻變出來。「心」打點得「虛」、「靜」、「清澈」，便等於「巫」必須沐浴、敷香氣以待「神」降於「巫」之身一樣。如此一來，超越的「道」源於「天」，卻進入經過修煉的「心」。人追求新的超越世界——「天」或「道」，不是外向天上的「帝」或「神」，而是內向的「心」，通過「心」才能接通「天」。這便是為什麼我稱中國的超越為「內向超越」，與西方的「外向超越」適成對照。中國為什麼沒有「神學」而有一種特殊的「心學」，也必須於此獲得認識。我最初誤用「內在超越」一詞，後來由於進一步理解到這是西方神學中的觀念，所以改「內在」為「內向」。這是一個很複雜的問題，這裡無法詳說。

最後讓我對「學術」和「思想」兩個名詞作一簡單澄清。在傳統時期，中國的「思想」和「學術」是分不開的。最明顯的例證是《宋元學案》和《明儒學案》。這是中國的思想史原型，但卻以「學」為名，而不取「思」字。孔子說：「學而不思則罔，思而不學則殆。」可知中國人自始便認定「思」必須建立在「學」的基礎之上。中國思想自始便不像西方哲學那樣抽象，也許與這一特色有關。我不願意以「哲學史」為研究的對象，主要是考慮到：如果「哲學」一詞嚴格按照西方的標準，則許多中國有價值的「學術」和「思想」都不得不摒除在研究領域之外，最後寫出來的東西將不免於過於貧乏。

五、歷史的研究

我的歷史研究取向大體上是現代一般的方式，即以專題研究 monograph 為重，目的在於取得新的歷史知識。中國史學現代化開始於梁啟超、章太炎、劉師培、夏曾佑等人。他們受到西方史學觀念的影響，開始大刀闊斧地為中國史研究建立起新的架構，為後來的人開闢途徑。一直到一九一九年胡適的《中國哲學史大綱》上冊出版，還是屬於這一階段的風格。這些早期史著的貢獻和影響，人人都知，不必多說。但史學研究不能長停留在寫貫通全程或概括一代的史書上。接下來當然便是走專題研究的路。唯有如此，研究才能逐步深入，不斷創獲新的歷史知識。典型的例證可舉王國維、陳垣、陳寅恪三大家的論著為代表。

所謂新的歷史知識是指史學家辛勤研究後的原創性結果，是以前的人所不知的。現在有一個較普遍的看法，認為必須有新材料才能得到新知識，如胡適、傅斯年等人都持此論。這話並不錯，但只說了一方面，另一方面則是新觀點可以將人人都知的舊材料轉化為新材料，並從其中發掘出新知識。時代不同，人的關懷也隨之而變，譬如少數民族問題、婦女地位問題之類在傳統時代已有持久而穩定的觀點，代代相傳，沒有人會忽然提出意外的異見。但二十世紀以來，以前夢想不到的觀點都一一出現了。新觀點逼出新問題，舊史料中過去完全受忽視的資料便相應而取得新的意義，成為回答新問題的基本根據。克羅齊（B.Croce）名言「一切歷史都是當代史」便表達了這個意思。每一時代出現不同的新問題，要求在歷史上找解答。這正好說明：為什麼每一新時代都必須重新研究歷史、重新寫歷史。《資治通鑒》是一部不朽的經典之作，至今不能廢。但是我們今天已不能滿足於它的內容，因為司馬光是從他的「當代」——宋代，為了「資治」的目的所寫的通史。他當時所提供的是北宋君臣及士大夫所需要的歷史知識，而且其中充滿了最新的創獲。《資治通鑑》在二十世紀以前一直是中國人的歷史知識的主要來源，因為一直到清朝，中國的政治體制都未變，乾隆有《御批通鑑輯覽》一書，即是《通鑑》的一個通俗簡本。但清亡以後，進入民國時代，《資治通鑑》便不夠應付新時代了。

現代史學研究的常態是專題論文，而不是寫籠罩全面的通史或斷代史，所以中國傳統中最受尊重的「通史」觀念也隨著改變了。自司馬遷《史記》以來，傳統史家都以「通史」是「究天人之際，通古今之變，成一家之言」。這是著史者人人嚮往的最高境界。但今天我們提到「通史」，則只能指一般教學用的教科書。作為教科書，「通史」或「斷代史」是綜合前此無數史家的研究所得而成，絕不可能是「一家之言」。這種教科書每隔幾年便必須修訂，甚或完全改變，因為新的歷史知識不斷因研究而增加，不能不讓學生知道。當然，教科書式「通史」中也有不少名著，可以在史學上占重要地位，但是作為讀本，它的生命大約很難在著者身後繼續流傳。

我討論過中國文化的價值問題，但重點是試從歷史變化中去探索中國文化的獨特系統，另一相關取向則是和西方文化試作比較。上面提到論中國上古「天」

與「人」的關係便是這樣進行的。對於秦漢以下各時代文化轉變的研究，我也採取了同樣的分析方式。一般讀者多少抱著一種急迫的心理，總希望在一、兩句話中便可抓住中國文化的精要所在。這當然是可以理解的。但作為歷史專業的一員，我不敢作此想。我也在追尋中國文化的精神，但在我而言，這是一個無窮的過程。即使偶有所得，也只當作暫時的結論，尚有待於將來的修正和補充。我知道，哲學家往往是有勇氣的，例如張君勱、唐君毅、牟宗三、徐復觀四先生一九五八年的〈中國文化宣言〉便十分肯定地宣稱：「心性之學，乃中國文化之神髓所在。」這話只能代表一部分陸、王學派中人的中國文化觀，恐怕不是多數知識人所能接受的。我研討中國歷史和文化從不敢運用這種「一言以蔽之」的方式。

談到歷史和文化價值之間的互相關聯，我想借用孟子關於《春秋》的話，作為討論的起點。孟子說：

王者之跡熄而《詩》亡，《詩》亡然後《春秋》作。晉之《乘》，楚之《檮杌》，魯之《春秋》，一也：其事則齊桓、晉文，其文則史。孔子曰：「其義則丘竊取之矣。」

起頭一句，「《詩》亡然後《春秋》作」即是後來章學誠「六經皆史」說的根據，暫且不說。孟子把《詩》和後起的史書如《春秋》都看作同一類的作品，這是很明顯的。可見孟子已將寫歷史書分別為三個因素：第一是「事」，即歷史上發生了的事實；第二是「文」，指寫作的方式，「史」指當時記錄「事」的人，不是「史學」的意思；第三則是「義」，孔子所「竊取」的「義」當指《詩》上的「褒貶」，也就是我們今天說的「價值」了。

現代史學研究中也具備「事」、「文」、「義」三個層次。「事」指事實，這是史家最基本的工作，但不是人人已知的事實，而是根據新舊材料而建構出來的前所未知的事實。史家原創性的貢獻的大小首先便看他所建構的事實之多少及其重要性的高下，這是歷史知識的基礎。「其文則史」在今天應該理解為治史方法和撰史方式之類，不過都是多元的，與春秋各國紀事方式大體一致，並不相同。最後，「義」則相當於現代史學中所謂「意義」。今天史家從事歷史專題研究並不止於「為考證而考證」，而往往歸宿於尋求研究所得對於整個時代有什麼重要意義。不過現代史學的「義」是建立在客觀事實之上，不是史家個人的主觀投影。這和古代史官以「褒貶」為「義」的主要內容，很不一樣。孔子《春秋》

之「義」仍然在史官傳統之中。「褒貶」史學西方也有，大致叫做「道德評判」，一直到十九、二十世紀之交，都還存在著熱烈的爭論。我們可以說「道德評判」仍為現代史學的一種成分，然而卻是建立在客觀歷史事實的上面。史家不用說任何「褒」或「貶」的話，在他的客觀敘述中，人的「善」或「惡」、事的「是」或「非」便已自然而然地透露出來了。

這裡我想附帶提一下歷史人物的「評價」或「褒貶」的問題。中國傳統的「褒貶」最初主要是放在政治領袖，如王、侯、將、相的個人身上。但唐、宋以下史家已從個人的「褒貶」向一般的歷史評論轉移。司馬光《通鑑》中的「臣光曰」和歐陽修《新五代史》中的「嗚呼」便是顯證。所以後來章學誠更將孔子所謂「義」的涵義擴大，稱它是史家的「別識心裁」。這一發展顯示出史學觀念的趨向成熟。但是上世紀五十年代以後，人物「褒貶」的風氣又開始流行，因此常見到某皇帝、某宰相在歷史上的功過應該「三七開」或「四六開」之類。這是相當幼稚的作風，從客觀評論又墮退到主觀投射了，而且以思想水平來說，比早期的「褒貶」更為低下。這是必須引以為戒的。

中國文化價值，整體地看，自成一獨特系統，但從歷史角度作觀察則隨時代不同而有變化，不過雖變而不離其宗罷了。這就是說，中國價值系統「常」中有「變」，「變」中也有「常」。這是需要同時運用綜合與分析兩種相反而又相成的能力，才能察覺出來。所以我不願，也不敢，輕率地用一兩句話概括它。造成價值變動的因素很多，社會經濟的新發展，學術思想的轉型，或外來文化的侵入，如佛教傳來等等都在長時期中發生了潛移默化的作用。以我個人的專題研究而言，如魏晉以下的個體自覺、清代「道問學」運動的展開、明清宗教倫理與商人興起，及最近的《朱熹的歷史世界》關於宋代儒家新政治文化的探究，都說明價值系統的演進必須通過歷史的探源與溯流，而且一定要建立在客觀可信的事實上面，然後才能得到比較明確的認識。

我早年佩服顧炎武所倡導的治學方式，他說做學問像鑄錢一樣，應該到山上去開銅礦，採山中新出的銅作為原料，而不應把舊銅錢重新鑄出。這樣舊錢重鑄，錢的品質低劣，可想而知。我年紀越大，經驗越多，對他的觀點也理解得越深，更增加了佩服之心。用現代的觀念來說，他是要求研究者在大量的第一手資料中去發掘問題，得到全新的知識。他所說的「舊銅錢」重鑄，則相當於我們今天所謂二手資料，即早經前人一再用過，產生不了新東西。所以我們應該不怕辛苦「上山」去尋找銅礦，而不應偷懶在市場上收舊錢。我覺得顧的觀點已是現代的，間接反映出儒家轉上了重知識的一條路。龔自珍說，清朝已從「尊德性」轉變為「道問學」，確是一針見血的觀察。我在研究過程中一直奉行顧的指示，十分得益。最近我寫《朱熹的歷史世界》，因為所涉範圍特別廣闊，更覺得非「上山採銅」不可，絕不能左右採擇前人早已用過的材料，說一些人人耳熟能詳的常識。尤其在這部書的第二部分，即下篇專論，論理學家群體進行實際政治改革，以致在權力世界中與官僚集團發生直接的激烈衝突，最後以著名的「慶元黨禁」告終。這一段南宋政治史，即十二世紀的最後二十年，八百多年來從來沒有受到過史家深入的分析和考察。一般人都覺得「慶元黨禁」是不可理解的神秘事件：為什麼朝廷和官僚體系要用全力摧殘「坐而論道」的理學家呢？為什麼朱熹的「道學」被定為「偽學」，而朱熹本人也差點性命不保呢？我為了清理這段至關重要的歷史，發憤依顧炎武「採銅於山」的辦法，遍讀當時的一切相關的史料，包括正史、私史、筆記、文集、官文書，如《宋會要輯稿》、日記等等。這次我在文集中找到了數不盡的第一手文獻，包括皇帝和丞相之間的來往諭旨和奏札，如周必大集中所保留的檔案，而且是八百年來沒有人引用過的。因此我才能系統地建立了許多全新的事實，解答了我所提出的基本問題。我的論點也許會有人爭議，但我相信我建立的歷史事實是無法推翻的。

六、儒家與現代化

我研究中國史採用比較史學的觀點，注重中西之間的異同，特別在文化價值方面。我的首要目的當然是為了客觀地求得歷史的真相，但同時我也希望借此認識一下，十九世紀中葉以來西方文化侵入中國的過程及其得失。西方文化的長期侵蝕早已把傳統的中國改變得面目全非，僅就語言的層次說，我們今天所用的名詞、文法、語氣……已經徹頭徹尾地「西化」了，如果戴震、錢大昕等人忽然復活了，他們恐怕一句也讀不懂，他們最精深的訓詁、名物、字義等，在此也毫無用處。所以從實際情況看，無論是自覺或不自覺，被迫或自願，中國早已接受了數不清的西方文化成分。這大致相當於胡適所謂「長期暴露與逐漸滲透的文化反應」，也就是說，中國接受現代西方文化最初並沒有一個整體計畫，而是西方種種觀念和事物慢慢傳播滲透的自然結果。正如胡適所指出的：「從穿皮鞋到文學革命，從口紅到推翻帝制，一切都是自動的。」皮鞋和口紅傳來也許一時看不見有多大威力，但「推翻帝制」和「文學革命」卻非同小可，其影響之大，更不必說。

事實儘管如此，中國人一直到今天還在爭論中國為了現代化是否必須吸取西方文化的問題。這是相當荒謬的問題。談這個問題的人，各種立場都有：全盤西化派、中國文化的基本教義派、中國調和派……我們不妨略舉一二例。最著名的一個早期構想便是「中學為體，西學為用」。這八個字是因張之洞的提倡而流傳全國的，但最早揭示這一想法的則是馮桂芬（一八〇九—一八七四）。馮擅長數學，很早便認識到數學是西方科學的基本，所以主張充分採用「西學」。他的「西學」主要是指自然科學及其應用技術而言。但是他認為就整體政治社會秩序而言，中國仍然應該維持本有的一套名教綱常。這就是張之洞的八個字的意思，不過沒有用「體」、「用」二字而已。「體」、「用」說是非常不精確的提法，清末嚴復首先對「中體西用」論進行了嚴厲的駁斥，雖未能立刻奏效，但已在嚴肅的讀者心中留下了懷疑的種子。

另一個更著名的例子是所謂「全盤西化」。這一口號是人類學家陳序經在一九三〇年代正式提出的，當時便得到胡適的支持，而風行一時。但「全盤西化」

的語病太大，與陳、胡的本意相差很遠：第一，「全盤」如作數量解，是不可能的事；第二，「西化」不過是指英、美一系的現代文化，重點在「現代」而不在「西方」。因此胡適很快便改口，用「充分現代化」代替「全盤西化」。但「全盤西化」雖然喧騰人口，卻沒有發生一絲一毫的實際作用，這個口號一出場便遭到同時代學人的駁斥，如吳景超、潘光旦、張佛泉、梁實秋等，而且都是美國留學生，他們贊成「充分現代化」，但不能接受「全盤西化」的提法。所以這四個字後來變成了一個嘲笑人的話頭，一九五〇年代初陳寅恪和陳序經在嶺南大學共事，同遊時前者便用這四個字開後者的玩笑。

但是另一種思潮，起始五四之後，雖不用「全盤西化」之名，卻形成了一股最強的力量，對於中國原有文化傳統展開了全面性的摧殘。這股思潮建立在一個假定上面，即世界所有社會，不管是哪個「民族」或「國家」，都必然循著同一道路進行。西方先走了一步或兩步，其他非西方社會，包括中國，都遠遠落在後面了。根據這一思潮的歷史判斷，西方世界已跳上了一個新階段，即從資本主義上升到社會主義而以蘇聯為最先進的代表。反之，中國則仍然沒有完全脫離「封建」時代。所以歷史必然性要求中國破除一切「封建」殘餘，以為引進新社會開闢道路；「破舊」和「立新」成為一體的兩面。換句話說，中國必須全面擁抱這一源於西方的最新體制。我認為這才是真正的「全盤西化」運動，不過這個「西」已從北美與西歐轉移到東歐了。近來西方學者稱之為「反西方的西化」，anti-Western Westernization。

這一思潮今天雖已在消退中，但它所造成的長期文化破壞卻不易恢復。這正是為什麼現在有不少人再提出中西文化的問題，特別是中國對西方文化應該採取什麼樣的態度？對自己的文化傳統又應該怎樣看待？由於儒家一直是中國文化傳統中的主流，而近五、六十年來又成為激進思潮的主要攻擊對象，那麼儒家今後在中國文化體系中應占什麼樣的地位呢？這也是很多人極其關心的一大問題。對於這些大問題，我不可能在此展開討論，更不能輕易提出我個人的解答。我只能以一個歷史研究者的身分，從旁作一點歷史的觀察。

出於民族主義的情緒，現在很有人嚮往著回到西方入侵以前的「純」中國文化中去。這在事實上已毫無任何可能性。一兩百年來，如前面所指出，中國早已成為一中西「混雜」之局，即使上帝也沒有去「雜」還「純」的能力了。這一民族主義的嚮往尤其集中在「儒家」身上，讓我以儒家為具體對象，表示一下我的看法。

陳寅恪曾指出，兩千年來儒家學說具體實現在法典方面，所以通過制度、法律而全面影響到中國人的公私生活各方面。這便是我們通常所說的「體制化的儒家」，Institutional Confucianism。但自一九一二年帝制廢除以後，整個政治、法律、社會、教育……的基本結構都不得不隨之而變，儒家學說已無法在民國體制中找到容身的空間了。儒家作為一個全面安排人間生活秩序的理論系統，今天無論如何也不可能復原了。但是必須鄭重指出，我並不因此得出結論，說儒家已經「落後」、「過時」甚至是中國現代化的障礙。我的意思只是想呈現一個無可否認的歷史事實，即儒教的整體確是被現代的大變動打散了。然而這只是事實的一方面，另一方面也是無可否認的事實，即打散之後，儒家所包含的個別價值觀念卻依然健在，存活在很多現代中國人的顯意識或潛意識之中。不用說，這些價值觀念是數不盡的，其中有的已不適用於現代中國，但仍然十分有用的更不在少數。總之，它們構成了中國現代化的一大精神資源，關鍵在我們能不能進行創造性的運用。我不敢妄測儒家的現代命運，不過從歷史上觀察，我們可以清楚地看到：儒家的新趨向大致是退出公領域而轉移到私領域。若借用《大學》修身、齊家、治國、平天下的劃分法，修、齊是私領域，治、平則是公領域。儒家必須退出公領域的理由是很清楚的，一九一二年共和體制取代了帝王體制之後，「政」和「教」便正式分離了。儒家只是中國好幾個「教」之一，自不能獨占公領域，建立一個「儒教國家」或「儒家憲法」，因為其他教的信徒是絕對不會接受的。所以民國成立後有人曾提出以孔學為「國教」的建議，但立即遭到當時知識界領袖的反對而不得不作罷。另一方面，儒家的價值觀念對於個人和人與人之間的關係而言，還是影響巨大的。所以在修、齊的層次，儒家還擁有廣大的空間可以開拓。

把治、平的公領域和修、齊的私領域分開，不自今日始，譚嗣同在清末便指出：古人認為齊家可以直接導向治國、平天下，是因為當時在封建與宗法體制下，王、侯、卿、大夫的世襲之「家」掌握了「國」的大權，但這種世襲貴族之「家」在秦統一之後已不存在；一般所謂「家」不過指「五口之家」或「八口之家」而言，如何能從「齊家」直通「治國」？因此他的結論是：「國與家渺不相涉。家雖至齊，而國仍不治；家雖不齊，而國未嘗不可治……」後來顧頡剛的研究也完全證實了譚的說法。我相信儒家價值觀念的實際運作在帝制廢除以後從公領域移至私領域，其主要根據便在這裡。然而這並不是說，儒家在現代已與公領域之間完全沒有關係了，儒家在傳統時期的重大教育功能之一便是向初學者灌輸一種擔當政治社會責任的精神。這一擔當精神便是五四以來學生運動背後的真正動力所在。由此可見儒家價值仍可以通過個人的教養而影響到公領域，而且學生運動的例子也讓我們看到：現代公民精神在中國的出現是得力於儒家價值的接引的。儒家還有很多價值觀念可以在現代化過程中發揮類似的接引作用，我以前已講過一些，這裡就不提了。

最後我要說一、兩句關於接受某些西方現代價值的問題。前面已提到，五四時期正式揭出的「科學」和「民主」兩大綱領確是中國現代化所不可或缺的，而這兩大綱領首先出現在西方啟蒙時代前後。因此百餘年來我們往往將「現代化」和「西化」混為一談。其實這裡面涉及相當複雜的因素，不是一、兩句簡單的話所能應付過去的。胡適一直強調中國也有「科學精神」和「科學方法」，不過沒有用在自然世界的研究，而是用在人文和經典文本的考證方面。但這一背景則使中國人接觸到西方現代科學時，大有一見如故之慨。李約瑟約集多位專家，且多是華裔學者，編寫了十幾冊的《中國科技史》，其中一個主要論點是說中國自古以來便有「科學」，不過沒有發展出「現代科學」而已。至於「民主」，孫中山在討論他的「民權主義」時，也接受了晚清學人如王韜、康有為、章炳麟等的影響，認為古代「天視自我民視，天聽自我民聽」和孟子「民為貴，社稷次之，君為輕」等觀念已顯出「民權」，即「民主」思想早已出現於中國，不過「有其思想而無其制度」罷了。此外胡適一九四一年在美國演講，也特別選了〈民主中國的歷史基礎〉這一題目，很引起聽眾的興趣。

這樣看來，「科學」和「民主」對於中國人也不是完全陌生的，只是中國沒有正式發展出這兩個明確的概念而已。清末《國粹學報》曾提出一個有意思的說法：源出西方而為當前中國所迫切需要的學術，也應該包括在「國粹」之內。雖然如此，我卻認為五四運動所揭櫫的現代科學和現代民主畢竟是西方成長起來的，我們應該把兩者當作西方文化的最新成就而虛心學習。「科學」的精義在於求真知識，「民主」的精義則在於以漸進的方式滿足大多數公民爭取最大福利的要求。更重要的是，民主體制是開放而不是封閉的，一切必要的改變與革新都在和平過程中完成，可以避免傳統改朝換代所必然帶來的暴力。只有民主社會才是長期穩定的真實保證。科學和民主的普世價值在今天已沒有懷疑的餘地。在這一意義上，科學和民主的實現是名副其實的現代化，而不是所謂「西化」。

（原載《東方早報．上海書評》，題為〈余英時談治學經歷〉，二〇一四年六月二十九日）

余英時教授治史經驗談

余英時口述，何佩然整理

我加入新亞書院的歷程

我決心研究中國歷史、中國思想，是從入讀新亞書院時開始的，之前在燕京大學讀書的時候，對西方的思想、歷史興趣很大，但是到了新亞以後，對於中國不只是知識上的需要，還有精神上的追求，這是新亞書院對我最大的影響。我對中國文化，本來就有一種正面的看法，在新亞書院學習期間更認識到，對於中國的歷史和文化必須進行客觀而理性的考察。因此我擺脫了當時流行的激烈態度：非徹底剷除中國舊的傳統，便無法接受新的思潮。

我在北平燕京大學就讀至二年級上學期，一九五〇年元旦我前往香港探望父母。因父親認識錢穆先生，他希望我跟錢先生讀書，所以就建議我申請入讀新亞書院。我家住在青山道，不遠處就是桂林街，新亞書院離我住處很近，頂多只有半里路。因為新亞沒有正式入學試，錢先生自己出考卷，除了中文試卷，還出了個英文題目，後來還發現他親自評核我的兩篇文章，我很訝異，我以為錢先生不懂英文，其實他可以讀一點英文，所以我覺得考試非常有趣。經過考核後他說你可以來了，我就這樣加入了新亞書院。

一九五〇年代的新亞書院十分艱苦。有位上海商人王岳峰，捐了一萬美元，讓新亞租了一棟唐樓的第三與第四層作校舍，上課的教室樓下是舞廳，吵得要命，亂七八糟的。那時候新亞的學生一共也只有二、三十人，都是難民學生，連二百港元一學期的學費都交不起，所以多數都是免費的。我進去後也是免費的。先生很辛苦，大概教一課才能拿二十港元，有時候連車資都不夠。這樣情況下我在新亞讀了兩年半後畢業。

那時新亞書院的物質條件很差。想看書，只有去別的地方找，比如美國新聞處，或者英國文化協會（British Council），都是英文書。中文書根本沒地方會外借，新亞沒有圖書館，只有錢先生開課，有幾種他的著作，書店可以買到，除非自己有書，否則都靠先生講給你聽。從北平來的朋友，到新亞上了幾天課就不來，說比北京大學的茅房都不如。

物質條件雖然很差，可是老師很有名望，比如錢穆先生，是全國知名的歷史學家、思想史家，著作很多，我們早在中學時就讀過他的書。他在一九三八年完成，一九三九年出版的中國通史《國史大綱》，到了一九四九年，仍是中國大陸最好的中國通史。這本教科書跟他其他專門研究不一樣。他的專門研究很多，著作共有六十多部、幾千萬字。所以我們跟他學習，聽他講課，確實非常有趣。

新亞精神

錢先生非常關心每個學生，對每個學生都希望有所瞭解，瞭解之後才知道該教些什麼，這就是中國文化說的因人施教。我想他受孔子影響很深。孔子對他的學生，同一問題，不同學生有不同答案，並不是他的意見不同，而是針對學生個性而施教。所以從這方面講，錢先生是很體貼學生的，跟他讀書的學生往往能夠得到他一、兩句話，終身受用。我個人也得到他很多啟發，這是在課堂以外的事情。他是真正重視人，把學生當活的人格來塑造，而不是灌輸一套片面的觀念讓你接受。

唐君毅先生，也是非常有學問、有思想的教授，不但精通中國哲學，對西方哲學也有很深入瞭解。唐先生後來在香港還寫過兩本哲學概論，是哲學系很好的教科書，他對黑格爾有很專門的研究。錢先生講清朝學術思想史，唐先生講中國哲學史，這兩門課當時在新亞對我的啟發很大。我之所以後來繼續在新亞讀書，跟這兩位老師有很大關係，因為他們代表著中國的人文精神。

一九五〇年代是我思想失落的年代。共產黨剛取中國政權，中國還沒完全統一。以社會主義、馬列主義作為指導思想，不能說它沒有吸引力：所抱的理想是貧富不能太懸殊，經濟上應該平等等等，這些理念我也很認同，可是在政治上對共產黨並不瞭解。毛澤東在共產黨到上海後發表〈論人民民主專政〉，是我第一次讀到毛的東西，對這篇文章有很深刻的印象，但他所說的新中國的狀況讓我不能理解，因他一方面講民主，但另一方面又講專政，在我看來是互相矛盾的，可是共產黨用辯證法，把兩個不同的、相反的理念統一起來，這是共產黨的邏輯。

我當時是希望瞭解共產黨的，但對中國文化是有相當深的認同。原因是我從一九三七年，即是日本侵略中國那年起，到一九四六年這九年間住在安徽潛山的官莊。二十世紀上半葉的潛山官莊跟清朝，甚至明朝，相差不遠，沒有電燈和自來水，也沒有任何現代的東西，完全是原始的農村。我在農村住了九年，這使我對中國老社會比較有認識，這大概使我跟同時代的年輕人不同，他們多是在城市長大的，根本沒到過鄉村。一九六〇至一九七〇年代共產黨把年輕人下放到鄉村，但那時的鄉村已經變了，是共產黨管治後的鄉村，不再是我所認識的傳統社會。因為有這個經驗，我對中國傳統文化是有敬意的。我並不相信五四以來所強調的中國要民主要科學，必須首先把中國傳統文化全部毀掉，才可消除阻礙。共產黨也認為中國過去是封建社會，離西方的資本主義社會還差整整一個階段，所以更應該把它丟棄，從頭來過。可是錢先生和唐先生他們領導的新亞書院，採取一個不同方向，認為中國文化未必一定要消滅後才能得到新的東西。這是我在新亞書院得到最重要的早期教育。

錢穆先生寫的校歌「手空空，無一物」，講物質上是空空洞洞的，什麼都沒有，就像我前面提到新亞書院最初的情況。可我想錢先生的意思還不在此。他的「手空空，無一物」講的是精神上的，一個人開始還沒有找到他要走的路，還非常空虛，在這個空虛中間他就不知道往哪兒走，所以「手空空，無一物」是個很可怕的狀態。他就希望把學生帶出這個狀態，找到自己的路。找到自己的路就有路可走。這就是新亞精神。不同的時代可以有不同的演繹。同時長期流傳的價值也在此。

香港中文大學改制的內情

我當中大副校長、新亞校長，都是偶然的。新亞找我是因為第一代的人，大都退下來，要進入下一代。第二代有一位先生，比我大幾歲，是在校內的，他們希望他來接手。可是當時他不能馬上接班，希望我幫助銜接，過渡一下，我走了，他就可以接下去。所以我就在這樣條件之下，於一九七三年，同意從哈佛大學請兩年假回到中大。

本來是為了過渡，沒想到突然之間，香港政府要求香港中文大學改制。我重回中大時，有三所書院，每所書院有一位校長，像崇基是容啟東先生，聯合是鄭棟材先生，新亞是我，我們三個人，各管一所書院，各有所重，新亞書院的校長並非由香港中文大學聘任，而是由新亞董事會提名，徵求大學校長同意。大學校長一般沒有理由不同意，所以書院相當獨立。三所書院都有一套完整的制度，文學院、理學院、工學院都有院長、教務長、總務長。行政機構多，而且也有不少是重疊的，改革也無可厚非。可是新亞和崇基，特別是新亞，覺得這是一個要把新亞消滅、讓它不能獨立的陰謀。當年的改革委員會，由我出任主席，因為我在中大的兩年恰好輪到新亞校長兼任大學副校長，我不能推辭。改革會整整一年開了一百多次會議。當時的建議是希望學院掌管教學，書院間可以分工。比如新亞擅長人文學科，可發展為文學院，科學是崇基所長，可變成理學院，社會科學屬於聯合。這樣三所學院都有實際的工作，而且都能獨立自主，加起來又是一個大學。我們認為這樣比較合理。參加大學改制工作委員會的有十幾個人，最主要的成員是馬臨、金耀基、陳方正。後來三位，一位當了校長，一位成為秘書長，金耀基後來也做了校長。還有一位重要的成員是我的朋友邢慕寰，當時任經濟學講座教授，也費心設計新制度。這就是當年關鍵性改革的內容。為了這個改革，我受到很多攻擊，不過這些小事情，都過去了。

最重要的是我們提出的改革建議，不獲香港政府承認。香港政府希望把原來的聯邦制（federal system）改成統一制。新亞認為這是李卓敏校長的陰謀，其實據我所知，李卓敏校長也不知情。這是香港政府的最終要求。後來港督還特別為此事邀我商談，政府不滿意改革建議。我說我沒有別的辦法，因為聯邦制是英國的教育家提出來的，現在人人都應用，現在港府要改制，還得尊重聯邦制。如果要重新建立制度，港府必須另聘教育家來設計，但我認為大學改革不能只聘英國人為改革委員，必須要有中國學者參加，才能取信於港人。如果只請英國人來改革香港中文大學，並不合適。港督也贊成我的說法。這就是我在背後幫助香港中文大學改革的工作，我認為無論如何必須讓各書院實質地產生作用。我沒有隱瞞，跟在台灣退休的錢穆先生，從頭到尾都講述過。我相信錢穆先生瞭解我的立場，知道我不是為了其他的目標（當時有人以為我要做新的中大校長）。港督為了改制，特別請我和我太太去吃中飯，談中大未來，並當面表示希望我繼李卓敏為校長，但是我拒絕了。我說我不會做校長的，我只想回哈佛去教書。這是我在新亞兩年（一九七三至一九七五年）最難忘的一件事。

香港中文大學未來的社會責任

（一）保持科學與人文學的均衡發展

全世界的大學，不僅香港，幾乎都重視科學或者某些藝術，因為藝術得到社會支持，人家看得見、可以欣賞，科學當然也有它的實用價值。從這兩個範疇畢業的學生找工作也比較容易，獲得較高的薪水和待遇。雖然如此，人文研究也不能夠忽視。西方關於這個問題的討論，一直不斷。最早的當然是一九六〇年代以前，英國人講的兩個文化的問題。英國人認為過去人文科學一直占上風，到了一九五〇年代以後，科學就慢慢領先了，重要的政府職位，或者大學的主要行政職位，也慢慢由科學家擔任。這個重大的轉變引起不少爭議。兩個文化爭論了幾十年，在英國有很大的影響。在中國當然也有反應。但是最後大家感覺到，人文學還是不能放棄的。為什麼呢？因為一個人要用兩條腿走路。科技是很重要的一條腿，可是，如果社會對自己沒有通盤的瞭解，只是在目前的、本位主義的、專業方面有所進展，而不知道目的何在、對別人有什麼好處或者壞處，中國人稱這是「盲人騎瞎馬」，不知道往哪兒去了。比如我們要講環保，就是因為科學只管自己專業發展，高於一切，然後就不顧其他的後果。如果社會要作判斷、常識性的判斷，必須有人文學做背景。例如中國的道家，特別是《莊子》一書便有許多尊重「自然」的深刻想法。在西方偏重科學的取向雖然很明顯，但是大家都還主張不要放棄人文學，都還在力爭人文學占據更大的位置，發揮更大的作用。所以美國教育部常常給獎金，讓大學生在暑假時讀希臘文、拉丁文。

我記得大概是二〇〇〇年，英國文化學者 Peter Watson，寫了一本叫 *The Modern Mind* 的著作，討論二十世紀全球人文學與科學的發展。他最後也強調，要有新的人文學，其中包括對自然科學一些整體的認識，類似我們中國人講的科普（popular science），目的是培養人判斷的能力。我覺得香港中文大學還是要繼續保持科學跟人文學的平衡，特別要加入中國的人文精神。因為我們不是牛津大學，我們的長處不是希臘文，也不是拉丁文，而是中國古文，中國的古典、古文化。看你要怎麼教、怎麼教得活，那就變成活的文化的一部分。你教得很死的話，當然就變成一種大家都沒什麼興趣的專門知識。所以大學不應只講專門知識，要講通識。我們要有通識教育。

其中一個辦法是讓同學們自己舉辦一些小型討論會或演講。單靠課堂去教，效果肯定不會很大。要採取一種思想運動的方式。不是社會運動、政治運動，是思想運動。這個運動是小規模的，可以向整所大學開放。不斷有這種演講，就會引起一種更深層的討論。我們必須要分辨科學對話之外還要走上更高的一層——不單是科學、語言這些專門的東西我們要懂，而是要知道懂這東西代表一種什麼意義，在現今的社會條件之下，它可以提高我們在精神上的層次。我想這是一個需要常常有人討論的問題。否則我們大家一般鼓勵的都是專業化，專業化反正與你的職業有關。我認為不應只是職業觀的問題，而是整個社會怎樣才能夠達到一個更高的思想層次。高等教育最終目的提高人的生活素質，不然的話，學生畢業之後就只會賺錢——當然養家餬口是應該做的事情，不過我想既然辦高等教育，理想應該不僅僅在賺錢上面。

(二) 結合中西文化

香港中文大學的目標是要融合傳統與現代，結合中國與西方，在過去的五十年，香港中文大學在這方面做了很多工作。

我初到新亞的時候，新亞的校訓以及錢先生、唐先生他們的講話，也強調這一點。一九四九年是中國變動最大的一年，在思想上，無論是西化派，傾向英美，還是傾向俄國，都有一個共同的看法，就是覺得傳統是中國現代化的障礙。換句話說，希望把中國傳統的東西，或者封建的東西，掃除乾淨，然後引進西方的價值觀念、西方的制度。這種想法在當時不可能沒有人懷疑，但是懷疑的人卻被視為保守派。一九二〇年代，中央大學的前身東南大學，有一派也是留學西方的，他們辦了一本《學衡》雜誌，專門跟提倡五四運動的胡適抗衡。《學衡》主要的人物梅光迪就是胡適早年在美國的同學。最初搞文學革命時候，兩人發生重要分歧。在香港的錢先生、唐先生，他們認為最好是中西結合，認為中國的事物，是老舊的東西，一定是提倡西方現代文明的障礙這種說法，根本沒有根據。因為西方並非如此，西方的現代文明始於文藝復興，而文藝復興最早就是恢復古典研究。

日本也一度講全盤西化。日本人稱之為入歐，「去亞入歐」，放棄亞洲。可是這種想法沒有持續很久，馬上就引起國粹派反對。國粹這兩個字，中國人是從日本那裡學來的。國故是章太炎先生提出的。講國粹實際上是日本名詞。所以從這裡可以看出來，日本早就認定要在自己的文化傳統上吸收西方的新成分，而且他們做得很成功。

我希望香港中文大學能保持它的創校理想，中西結合，永遠採取一個開放的態度。像錢穆先生、唐君毅先生、牟潤孫先生和錢先生的學生嚴耕望先生都是過去在中國大陸培養出來的人才。他們不但不反西方，且接受西方觀念，受到國際社會尊重，他們所做的工作基本上都是正面的，建設性多，破壞性少。所以香港中文大學這五十年來在中國研究方面有許多建設性成就。

現在最擔心的是這個時代的中國人民族情緒高昂。民族主義在國家被侵略的時候，是非常重要的一種力量，可是如果自己不是處在侵略之中，而是覺得自己越來越強大，要採取高漲的民族情緒來主導，就會很危險，因為德國的希特勒就是如此。日本在一九二〇年代、一九三〇年代以後，也是因為國粹的想法太厲害了。

每一個文化都有它的缺點，每一個文化都有它的長處，如果能取長補短，是最理想的。我想香港中文大學在這方面應該取得優勢的，比在大陸的大學都要好得多。因為大陸這幾十年來，到底受了「文革」的影響，一時還恢復不了。

（三）保持學術獨立、思想自由的傳統

我學到一點點的知識都是從香港開始的，我相信香港中文大學能保持它原來的學術獨立，思想自由是很重要的。不管客觀環境有什麼變化，我覺得人的作用還是不可低估。用外國人的話說，每個人都可以創造自己的特點，造成不同的後果，不同後果在人，而不是在於事情，也不完全在於制度。所以我相信儒家的話叫「徒法不足以自行」，就是法律本身制度本身它不會行走，不會動，動的人在後面。只要有這樣的人，就能繼續保持中大過去學術獨立、思想自由的風格。

這可以說跟北京大學蔡元培治校時很相似，主張兼容並包，不同東西我們都要，不拘泥一定立場。至少我在那兩年看到，香港中文大學是完全沒有任何限制的，你愛研究什麼就什麼。評教授、升級，主要看他的研究成果，只要是自由研究的成績，都是很好的。我在香港中文大學時候，有好幾位歷史系的同人，就因此得到升等了。有些人連升等都不重視，比如嚴耕望先生是當時全世界上唐史研究數一數二的人物，可是香港中文大學教授出缺後，他連申請都不肯，他說他不需要教授的頭銜，教授還要搞行政還要參加各種會議，他寧可做他的研究。嚴耕望先生在中大不大說話，是個很老實的人，我後來邀請他到耶魯訪問半年，對學生也很有幫助，他對學生的教育栽培是非常成功的。所以我覺得中大這些光輝的傳統是值得我們懷念，也值得我們繼續欣賞。

香港中文大學這光輝的五十年，在歷史學這一門中，除了我剛才說的錢穆先生、牟潤孫先生、嚴耕望先生外，還有許多，不能一一列出。這些老一輩學人傳下來的史學，在中國大陸院校的歷史系都有相當的發展，所產生的歷史人才也相當不少，我個人在海外遇到的歷史系畢業生有不少成就輝煌，也有回到香港教書的。今後歷史系要保持過去傳統，必須不斷努力。一方面要瞭解世界史學發展情況，另一方面，歷史系有個重要任務，就是推廣比較歷史學（comparative history）的新進展。比較歷史學並不簡單，不是說拿一件中國的事與西方比，而是要看整個歷史發展性質相近的事件，在不同文化背景和不同歷史階段中，它有什麼不同表現，從中得到啟發。比如我們中國歷史，通過比較歷史的研究，或者與西方的，或者阿拉伯的，或者印度的，或者日本的，就會得到不同認識。中國歷史不只是中國歷史，同時也是世界歷史的一部分。這是比較史學可以起作用的地方。我們過去在這方面也有注重，但不是很充分。如果在這方面能多下點功夫，不單對香港中文大學，對整個中國的歷史研究都會有作用的。我看到現在中國大陸史學，許多走回考證的路上，因為大的理論還是不能碰，禁忌很多，所以比較歷史研究在大陸不能推展。如果在大陸不能推展，大陸的學生繼續到香港學習，大陸學者到中大教書，在比較史學方面恐怕還不能馬上起很大作用，所以中大在這方面的角色很重要。

文化為人而活

我們常說中國跟西方不一樣。有的說中國落後，西方比中國走得快，所以中國下一步就跟西方像了，再下去就可以趕上西方了；西方走在前邊，中國走在後面，彼此都在一條路上；但另外一種說法認為中西方本來走的路並不一樣。

人類的歷史文化，大體上衣食住行全世界沒什麼不同，如果完全不相同，兩種文化之間的人就不能交談。可見，彼此文化相同是基本的，不同的地方非常少，但非常重要，這就變成各自的特色。五四時期把民主、科學看成是西方的特色，那是有道理的。西方這種特色從希臘時候就開始了，一直延續到現在；可是中國有另外一套想法，就是中國人以人為重的人文精神。中國人很早講孝敬，講天地之性人為貴，從這個基礎上，中國人某些地方，跟西方不一樣。希臘有民主，可是希臘的民主自由建立在什麼基礎上呢？是建立在奴隸制度上。他們有奴隸，奴隸跟一般人不一樣，可以說還沒有達到做人的資格。中國是所有人，包括幫你做事的人、工人，都是人。我記得朱熹編的《小學》有個故事說，陶淵明送一個工人幫他兒子做事，他就給兒子寫了一封信，說這也是別人的兒子，你要好好待他。中國在公元前開始，還有後來的東漢時代，皇帝下多少次詔令，說不准買賣奴隸，因為「天地之性人為貴」。過去馬克思主義在中國找奴隸社會，我認為是笑話。並不是說中國沒有階級、沒有高下，但中國很早便認為階級上下是可變的，所以一直流行著「將相本無種，男兒當自強」的諺語。中國人更不承認奴隸是應該的、永遠的、不變的。西方在基督教興起以後，才批評奴隸社會，而西方的基督教，本來是天主教，那又是從另外一個文化來的。所以我的結論是中國文化有它的特色，就是特別注重人文精神。

我們今天講人權，認為人權是西方的觀念。人權觀念就是尊重人及人的尊嚴。中國接受人權觀念，是毫無問題的。清朝末年，所有接受西方最新觀念的，包括盧梭的契約論，都是儒家。西方這些理念我們在古代就有，孫中山都曾有這樣的想法。但是觀念相近，卻還有制度問題。中國在制度方面並沒有跟上。西方的民主、人權，在法律上有一定的地位。中國的法律跟在西方不一樣，所以這就可以看出中西文化確實不同。清末以來，許多知識人都主張採用一些西方的好制度，便是為此。

我研究中國文化的原因就是希望在各種相同之下，找出它最不相同之處。那不同地方很小，可是非常關鍵。你只要抓住那個不同，而不是從一個方面看，各方面都可以看出它的不同之處。但這個並不表示說這個文化不同之後，就不能改變，西方在改變，中國也在改變。中國吸收西方文化，也吸收其他文化，不然的話，佛教就不會變成我們中國文化的一部分了。我們現在講三教合一：儒教、道教、佛教，這是中國特色，其實是吸收了外來文化的成果。從前唐君毅先生打過一個很有趣的比喻，他說中國文化，就像《水滸傳》裡一個人物的外號，叫「沒遮攔」，沒有什麼可以遮攔的，什麼好東西，我們都可以吸收。這個說法可能誇張了，但是基本上我認為是有這樣的傾向。所以從這方面看，我們說文化不同，文化有傳統，文化有特色，並不表示文化不能改變。如果看到更好的東西，我們當然要改變，當然要吸收，中國文化也不是保守的。文化是為人而活的，不是人為文化而活的，不能倒過來。

我的研究原則

（一）樹立中國的學術尊嚴

其實我在美國工作時，都寫英文，但我的英文著作一般中國人都讀不到。這些年大陸出版了我的一些譯作，其中一部就是長七、八百頁的論文集。還有我的專書，原著都是用英文寫的。一九七三年，回到香港中文大學，我就完成了《論戴震與章學誠》，這本書在大陸也翻印了。我在美國時也用英文寫《論戴震與章學誠》，後來我的英文文章也在美國發表過，所以用中文抑或英文，在我來講是同時進行的。用中文有許多東西可以講得更複雜，更深一點。用英文會因為一般讀者沒有背景知識，必須講得簡單一點。同時你研究中國的東西，用中文來寫，有一個很大的好處，就是不但中國的讀者會讀到，而且日本、韓國都是讀漢文的。我去日本訪問的時候發現，日本人對我英文的文章、專書所知不多，中文的卻都知道。從我個人考慮，我覺得應該把中國語言、中國學術的尊嚴樹立起來。不能說我們寫最好的文章、最高的、第一流的就是英文的，第二流才輪到中文。我覺得不應該有這個看法。因為據我所瞭解的，在西方，無論是義大利還是法國、德國，他們水平最高的史學家寫的東西都是用原文寫的，中國人也應該得到同樣的地位。不但如此，日文的東西，在西方用得非常多，西方的漢學家可能中文還不夠好，但是日文都很好，因通過日本人的研究，可吸取很多資料，然後追溯到原始的材料去。所以只有中國被冷落了，這也是我想多用點中文的原因。另外一個很偶然的因素就是從我離開香港的一九五五至一九七三年，中間至少十年以上，我很少寫中文的文章。這是客觀環境使然，並不是說我在美國專門用中文寫文章，事實不是如此的。

(二) 通古今之變

別人看起來我研究面很廣泛，這跟我想全面瞭解文化有關係。為什麼中國會發展為一九五〇年代的中國？一定有它的歷史背景，這是我要瞭解的。我不是為了研究古代而研究古代，而是為了瞭解二十世紀上半葉，中國人的思想為什麼變成那樣一個狀態？這必須要求之於幾千年，至少三、四千年的歷史，從商周開始，中間絕不是偶然的，絕不是現在社會科學家研究今天經濟、社會結構所能瞭解的。西方的社會科學研究有個很大的特色，也可以說是缺點，就是他們著重研究現代，而且常常用問卷的方式，看社會如何回應，從裡面找到結論，看現在人怎麼想，解釋現在社會結構是怎麼形成的。我認為這不足夠。社會結構的變化不是一天忽然發生的，而是慢慢轉變過來的，所以要全面瞭解，通古今之變，是中國的司馬遷開展的傳統。如果你不知道過去，也不可能知道今天，這就是我為什麼寫東西範圍那麼廣、時間那麼長。

當然寫東西跟特殊情況有關，比如說剛好開個會議，要求寫某一類題目，時代或在清朝或在民國或在五四，我往往都不推辭。那是偶然，但偶然中間有必然，那個必然就是我想從古至今有個貫通式瞭解，追求通古今之變，這是我的指導原則。

當然新的東西我也有興趣，我的興趣很廣泛，常常不願意老在一個地方待太久，我覺得要有新的探險，在探險中能得到許多知識和樂趣。同時因為我想要貫通中國歷史，所以每個階段每個重要的時代，希望做些專題研究。我退休到現在十一年了，研究重點是朱熹，寫成《朱熹的歷史世界》兩大冊，有一千頁、七十萬字，不單講宋代的儒家，而是從古到今的儒家是個什麼性質。我和現在許多哲學家、哲學史家觀點不同，包括唐先生在內，我的看法都有所不同，也不完全相反，但用不同的觀點來觀察。最近幾年我主要寫的是論天人之際，這可能是我做專題研究的最後一本書。（按：《論天人之際：中國古代思想起源試探》一書已於二〇一四年由台北聯經出版事業公司和北京中華書局分別以繁體字和簡體字刊行。）年紀大了，做很細緻的工作不大容易了，以後只能寫些一般性的，但有新觀點的文章，不需要做專題研究，不要天天跑圖書館。我想改變方式，晚年寫我所看到的，比較大的觀察，用一些比較簡單的方式呈現出來，以後別人認為有價值有興趣可以繼續，或者贊成支持或者反對改正，都可以的。所以我以後和以前的工作大概會不一樣了。

（原載《貫古通今　融東會西：扎根史學五十年》，香港：三聯書店，二〇一六）

我與中國思想史研究*

一、從「禮壞樂崩」到「道為天下裂」

春秋戰國時期諸子百家的興起是中國思想史（或哲學史）的開端，這是學術界的共識，無論在中國、日本或西方都無異議。自二十世紀初葉以來，先秦諸子的研究蔚成風氣，取得了豐富的成績。一九七〇年代至今，由於地下簡帛的大批

* 本文為日本中國學會第五十九回大會講演文（名古屋大學，二〇〇七年十月六日）。

出現，如馬王堆帛書、郭店楚簡之類，這一領域更是活躍異常。

這一領域雖然日新月異，論文與專書層出不窮，但從文化史的整體（holistic）觀點說，其中還有開拓的餘地。這是因為大多數專家將注意力集中在比較具體的問題方面，如個別學說的整理、文獻的考證與斷代，以及新發現的文本的詮釋之類。至於諸子百家的興起作為一個劃時代的歷史現象究竟應該怎樣理解？它和中國古代文化史上的大變動又是怎樣聯成一體的？這些帶有根本性質的重大問題還沒有展開充分的討論。我研究這一段思想史主要是希望對這些大問題試作探求。站在史學的立場上，我自然不能憑空立說，而必須以堅實的證據為基礎。因此除了傳世已久的古文獻之外，我也盡量參考新發現的簡帛和現代專家的重要論著。但在掌握了中國基本資料的條件下，我更進一步把中國思想史的起源和其他幾個同時代的古文明作一簡略的比較，因為同一歷史現象恰好也發生在它們的轉變過程之中。通過這一比較，中國文化的特色便更清楚地顯現出來了。

我早年（一九四七—四九）讀章炳麟、梁啟超、胡適、馮友蘭等人的著作，對先秦諸子發生很大的興趣，一九五〇年後從錢穆先生問學，在他指導下讀諸子書，才漸漸入門。錢先生的《先秦諸子繫年》是一部現代經典，對我的啟發尤其深遠。所以一九五四年曾寫過一篇長文〈《先秦諸子繫年》與《十批判書》互校記〉，是關於校勘和考證的作品。一九五五年到美國以後我的研究領域轉到漢代，便沒有再繼續下去。

一九七七年我接受了台北中央研究院《中國上古史》計畫的邀約，寫〈古代知識階層的興起與發展〉一章，於是重新開始研究春秋、戰國時期文化與社會的大變動。由於題目的範圍很廣闊，我必須從整體的觀點，進行比較全面的探討。我的主題是「士」的起源及其在春秋、戰國幾百年間的流變，但順理成章地延伸到思想的領域。為什麼說是「順理成章」呢？在清理了「士」在春秋與戰國之際的新發展和他們的文化淵源之後，諸子百家的歷史背景已朗然在目：他們是「士」階層中的「創造少數」（creative minority），所以才能應運而起，開闢了一個全新的思想世界。

我在這篇專論中特別設立「哲學的突破」（philosophic breakthrough）一節，初步討論了諸子百家出現的問題。「哲學的突破」的概念是社會學家派森斯（Talcott Parsons）提出的，他根據韋伯對於古代四大文明——希臘、希伯萊、印度和中國——的比較研究，指出在公元前一〇〇〇年之內，這四大文明恰好都經歷了一場精神覺醒的運動，思想家（或哲學家）開始以個人的身分登上了歷史舞臺。「哲學的突破」是一個具有普遍性的概念，同樣適用於中國的情形，所以我借用了它。更重要的是，它也很準確地點出了諸子百家興起的性質和歷史意義。但是必須說明：我之所以接受「突破」的說法同時也是因為當時中國思想家中已出現了相似的意識。《莊子．天下》篇是公認的關於綜論諸子興起的一篇文獻，其中有一段說：

> 天下大亂，聖賢不明，道德不一，天下多得一察焉以自好。譬如耳目鼻口，皆有所明，不能相通。……悲夫，百家往而不反，必不合矣。後世學者，不幸不見天地之純，古人之大體，道術將為天下裂。

這是描述古代統一的「道術」整體因「天下大亂，聖賢不明，道德不一」而分裂成「百家」。這個深刻的觀察是從莊子本人的一則寓言中得到靈感的。〈應帝王〉說到「渾沌」鑿「七竅」，結果是「日鑿一竅，七日而渾沌死。」「七竅」便是〈天下〉篇的「耳目鼻口」，「道術裂」和「渾沌死」之間的關係顯然可見。

「道術為天下裂」的論斷在漢代已被普遍接受。《淮南子・俶真訓》說：「周室衰而王道廢，儒、墨乃始列道而議，分徒而訟。」這裡的「列道」即是「裂道」；而「儒、墨」則是泛指諸子百家，因儒、墨兩家最早出現，所以用為代表，《鹽鐵論》中「儒墨」一詞也是同一用法。另一更重要的例證是劉向《七略》（收入《漢書・藝文志》）。《七略》以〈六藝略〉為首，繼之以〈諸子略〉。前者是「道術」未裂以前的局面，「政」與「教」是合二為一的，所以也稱為「王官之學」，後者則是天下大亂之後，政府已守不住六經之「教」，道術散入「士」階層之手，因而有諸子之學的出現。所以他有「諸子生於王官」的論斷，又明說：「王道既微……九家之術蠭出並作，各引一端，崇其所善。」這和〈天下〉篇所謂「天下多得一察焉以自好」的說法是一致的。清代章學誠熟讀〈天下〉篇和《七略》，他研究「六經」如何演變成「諸子」，更進一步指出：「蓋自官師治教分，而文字始有私門之著述。」（《文史通義・史釋》）所謂「官師治教分」是說東周以下，王官不再能壟斷學術，「以吏為師」的老傳統已斷裂了。從此學術思想便落在「私門」之手，因而出現了「私門之著述」。諸子時代便是這樣開始的。章學誠的論述在二十世紀中國思想史研究的領域中發生了重大影響，許多思想史家或哲學史家都以它為起點。

總之，無論從比較文明史的角度或中國思想史的內在脈絡上作觀察，「突破」都最能刻畫出諸子興起的基本性質，並揭示出其歷史意義。

但「哲學的突破」在中國而言又有它的文化特色，和希臘、希伯萊、印度大不相同。西方學者比較四大文明的「突破」，有人說中國「最不激烈」（least radical），也有人說「最為保守」（most conservative）。這些「旁觀者清」的觀察很有道理，但必須對「突破」的歷史過程和實際內涵進行深入的考察，才能理解其何以如此。我在上述論文〈哲學的突破〉一節中，由於篇幅的限制，僅僅提到「突破」的背景是三代的禮樂傳統，無法詳論。春秋、戰國之際是所謂「禮壞樂崩」的時代，兩周的禮樂秩序進入逐步解體的階段。維繫著這一秩序的精神資源則來自詩、書、禮、樂，即後來所說的「王官之學」。「突破」後的思想家不但各自「裂道而議」，鑿開「王官之學」的「渾沌」，而且對禮樂秩序本身也進行深層的反思，如孔子以「仁」來重新界定「禮」的意義，便是一個很明顯的例證。（《論語．八佾》：「人而不仁，如禮何？」）

一九九〇年代晚期，我又更全面地研究了「突破」的歷史，用英文寫成一篇長文，題目是〈天人之際——試論中國思想的起源〉。正文雖早已寫成，但註釋部分因阻於朱熹的研究而未及整理。我後來只發表了一篇概要，即"Between the Heavenly and the Human"。[1]經過這第二次的深入探索，我才感覺真正把「突破」和禮樂秩序之間的關聯弄清楚了。同時我也更確定地理解到中國思想的基礎是在「突破」時期奠定的。這篇〈天人之際〉中牽涉到許多複雜的問題，這裡不能深談。讓我簡單說一個中心論點。

三代以來的禮樂秩序具有豐富的內涵，其中有不少合理的成分，經過「突破」的洗禮之後仍然顯出其經久的價值。但其中又包含了一支很古老、很有勢力的精神傳統，卻成為「突破」的關鍵。我指的是「巫」的傳統。古代王權的統治常藉助於「天」的力量，所以流行「天道」、「天命」等觀念。誰才知道「天道」、「天命」呢？自然是那些能在天與人之間作溝通的專家，古書上有

1 Tu Weiming and Mary Tucker, eds., *Confucian Spirituality*（New York: The Crossroad Publishing Co., 2003）。

「史」、「卜」、「祝」、「瞽」等等稱號，都是天、人或神、人之間的媒介。如果仔細分析，他們的功能也許各有不同，但為了方便起見，我一概稱之為「巫」。[2]我們稍稍研究一下古代的「禮」（包括「樂」在內），便可發現「巫」在其中扮演著中心的角色；他們有一種特殊的能力，可以與天上的神交通，甚至可以使神「降」在他們的身上。《左傳》上常見「禮以順天，天之道也」、「夫禮，天之經也，地之義也，民之行也」之類的話。這些說法都是在「巫」的精神傳統下逐漸發展出來的，研究薩滿教的專家（如 Mircea Eliade）便稱之為「禮的神聖範式」（divine models of rituals）。可見在三代禮樂秩序中，巫的影響之大，因為他們是「天道」的壟斷者，也只有他們才能知道「天」的意思。現代發現的大批商、周卜辭便是最確鑿的證據。

但巫在中國的起源極早，遠在三代之前。考古學上的良渚文化開始於公元前第三千紀中期，相當於傳說中五帝時代的中期。良渚文化發現帶有墓葬的祭壇，和以玉琮為中心的禮器。玉琮是專為祭天用的，設計的樣子是天人交流，都是在祭壇左右的墓葬中發掘出來的。這些墓與一般的集體墓葬隔開，表示墓主具有特殊的身分。考古學家斷定墓主是「巫師」，擁有神權，甚至軍權（因為除「琮」

以外，墓中還有「鉞」）。這樣看來，三代的禮樂秩序可能即源於五帝時代，巫則是中心人物。

春秋、戰國之際諸子百家便是針對著這一源遠流長的精神傳統展開他們的「哲學突破」的。諸子不論屬於哪一派，都不承認「巫」有獨霸天人交流或神人交流的權威。在《莊子．應帝王》中，有一則寓言，描寫道家大師壺子和神巫季咸之間的鬥法，結果前者勝而後者敗。這可以看作當時諸子和巫在思想上作鬥爭的暗示。大體上說，他們有兩個共同點：第一是將「道」——一種精神實體——代替了巫所信奉的「神」；第二是用「心」的神明變化代替了「巫」溝通天人或神人的神秘功能。巫為了迎「神」，必須先將自己的身體洗得十分乾淨，以便「神」在巫的身體上暫住（如《楚辭．雲中君》所描寫）。現在諸子則說人必須把「心」洗淨，「道」才能來以「心」為它的集聚之地。莊子的「心齋」便是如此。《管子．內業》以「心」為「精舍」，「精」即是「道」；韓非也說「心」

2 我在英文裡用"Wu-shamanism"以分別於薩滿教 Shamanism；巫起源於中國或由西伯利亞傳到中國，已不可考。

是「道舍」。巫之所以能通天人或神人，是經過一番精神修煉的。現在諸子則強調「心」的修養。孟子「養浩然之氣」是為了「不動心」，然後才能「配義於道」。荀子重視「治氣養心」，和孟子在大方向上是一致的。《管子·樞言》說「心靜氣理，道乃可止」也無不同。「道」是貫通天人的，所以孟子又說「盡心」，「知性」則「知天」；莊子也「獨與天地精神往來」。從此，天、人之際的溝通便完全可以撇開「巫」了。

我們可以說，「哲學突破」在中國是以「心學」取代了「神學」，中國思想的一項主要特色由此奠定。後世程、朱、陸、王都是沿著這條路走下去的。

先秦諸子的「哲學突破」是中國思想史的真正起點，支配了以後兩千多年的思想格局及其流變。「哲學突破」的歷史背景是「禮壞樂崩」，也就是周代整體秩序的崩解。為了認識「突破」是怎樣發生的和「突破」後中國思想為什麼開闢了一條獨特的途徑，我們必不能把思想史和其他各方面的歷史隔離起來，進行孤立的處理。政治體制、經濟型態、社會結構、宗教狀態等等變革都是和「哲學突破」息息相關的。我研究「哲學突破」的個人體驗大致可以總結成以下三條：

第一，如果要抓住思想史上大變動的基本面貌，我們必須具備一種整體的觀點，從分析一個時代在各方面的變動入手，然後層層綜合，歸宿於思想史的領域。

第二，由於觀念與價值在中國史上是由「士」這一階層闡明（articulate）和界定（define）的，我們必須深入探究「士」的社會文化身分的變化，然後才能真正理解他們所開創的新觀念和新價值。春秋、戰國的「士」是「游士」（雲夢秦簡中已發現了〈游士律〉）。「游」不但指「周游列國」，也指他們從以前封建制度下的固定職位中「游離」了出來，取得了自由的身分。章學誠最早發現這個現象，他認為以前政教合一（「官師治教合一」），「士」為職位所限，只能想具體問題（「器」），沒有超越自己職位以外論「道」的意識（「人心無越思」）。但政教分離之後（「官師治教分」）他們才開始有自己的見解，於是「諸子紛紛，則已言道矣」。他所用「人心無越思」一語尤其有啟發性，因為「哲學突破」的另一提法是「超越突破」（transcendent breakthrough），也就是心靈不再為現實所局限，因此發展出一個更高的超越世界（「道」），用之於反思和批判現實世界。這可以說是「游士」的主要特徵。

第三，與其他文明作大體上的比較確實大有助於闡明中國「哲學突破」的性質。無論是同中見異或異中見同都可以加深我們對中國思想起源及其特色的認識。希臘、希伯萊、印度都曾有「突破」的現象，一方面表示古代高級文明同經歷過一個精神覺醒的階段，另一方面則顯出中國走的是一條獨特的道路。這種比較並不是盲目採用西方的觀點，早在一九四三年聞一多已從文學的角度指出上面四大文明差不多同時唱出了各自不同的詩歌，他的「文學突破」說比西方最先討論「突破」的雅斯培（Karl Jaspers, 1949）還要早六年。聞一多是《詩經》專家，他是從中國文學起源的深入研究中得到這一看法的。

以上三點體驗不僅限於春秋、戰國之際諸子百家的興起，而且同樣適用於以下兩千年中國思想史上的幾個重大變動。事實上，我研究每一個思想變動，首先便從整體觀點追尋它的歷史背景，盡量把思想史和其他方面的歷史發展關聯起來，其次則特別注重「士」的變化和思想的變化之間究竟有何關係。但限於時間，下面只能對幾次大變動各作一簡單的提綱，詳細的討論是不可能的。

二、個體自由與群體秩序

中國思想史上第二次大「突破」發生在漢末，一直延續到魏、晉、南北朝，即三至六世紀。我的研究見於〈漢晉之際士之新自覺及新思潮〉（一九五九）、〈名教危機與魏晉士風的演變〉（一九七九）、〈王僧虔〈誡子書〉與南朝清談考辨〉（一九九三）和英文論文〈Individualism and Neo-Taoist Movement in Wei-Chin China〉（一九八五）。

三世紀的中國經歷了一場全面的變動：在政治上，統一了四百年的漢帝國開始分裂；在經濟上，各地方豪族大姓競相發展大莊園，貧富越來越趨向兩極化；在社會上，世襲的貴族階層開始形成，下面有「客」、「門生」、「義附」、「部曲」各類的人依附在貴族的庇護之下，國家和法律——如賦、役——已經很難直接碰到他們；在文化方面，與大一統帝國相維繫的儒教信仰也開始動搖了。

「士」在這一大變動中也取得新的地位。戰國「游士」經過漢代三、四百年的發展已變為「士大夫」，他們定居各地，和親戚、族人發生了密切關係（即地緣和血緣雙重關係），東漢常見的「豪族」、「大族」、「士族」等名稱，便是明證。二世紀中葉以下，「士」的社會勢力更大了，作為一個群體他們自覺為社會精英（elites），以「天下風教是非為己任」。由於「士」的人數越來越多，這一群體也開始分化。一方面是上下層的分化，如「勢族」與「孤門」，門第制度由此產生；另一方面則是地域分化，如陳群和孔融爭論「汝南士」與「潁川士」之間的優劣，成為士人結黨的一個主要背景。但更重要的是士的個體自覺，這是一個普遍的新風氣，超越於群體分化之外。個體自覺即發現自己具有獨立精神與自由意志，並且充分發揮個性，表現內心的真實感受。仲長統〈樂志論〉便是一篇較早而十分重要的文字。根據這篇文字，我們不難看出：個體自覺不僅在思想上轉向老、莊，而且擴張到精神領域的一切方面，文學、音樂、山水欣賞都成了內心自由的投射對象。甚至書法上行書與草書的流行也可以看作是自我表現的一種方式。

個體自覺解放了「士」的個性，使他們不肯壓抑自發的情感，遵守不合情理的世俗規範。這是周、孔「名教」受到老、莊「自然」挑戰的精神根源。嵇康（二二三—二六二）說：

六經以抑引為主，人性以從欲為歡；抑引則違其願，從欲則得自然。

這幾句話最可代表個體自覺後「士」的一般心態。在這一心態下，他們對宰制了幾百年的儒家價值發出疑問。二世紀中期（一六四）有一位漢陰老父便不承認「天子」的合法性。他對尚書郎張溫說：你的君主「勞人自縱，逸游無忌」，是可恥的。這是「役天下以奉天子」，和古代「聖王」所為完全相反。這番話是後來阮籍、鮑敬言等「無君論」的先鋒。孔融（一五三—二〇八）根據王充《論衡》的議論，也公開地說：「父之於子，當有何親？論其本意，實為情欲發耳。子之於母，亦復奚為？譬寄物瓶中，出則離矣。」可見君臣、父子（母子）兩倫都已收到挑戰。儒家「忠」、「孝」兩大價值必須重新估定了。

不但思想已激進化，「士」的行為也突破了儒家的禮法。兒子「常呼其父字」，妻子呼夫為「卿」，已成相當普遍的「士風」。這是以「親密」代替了「禮法」。男女交游也大為解放，朋友來訪，可以「入室視妻，促膝狹坐」，這些行動在中國史上真可謂空前絕後。但西晉（二六五—三一六）的束皙反而認為「婦皆卿夫，子呼父字」正是一個理想社會的特徵。當時「士」階層經歷了一場翻天覆地的變動，由此可見。

以這一變動為背景，我重新解釋了從漢末到南北朝的思想發展。「名教」與「自然」的爭論是漢末至南北朝「清談」的中心內容，這是史學界的共識。但多數學者都認為「清談」在魏、晉時期與實際政治密切相關，至東晉以下則僅成為紙上空談，與士大夫生活已沒有實質上的關聯。我則從士的群體自覺與個體自覺著眼，提出不同的看法。「名教」與「自然」之爭並不限於儒、道之爭，而應擴大為群體秩序與個體自由之爭。郭象注《莊子》已從道家立場調和「自然」與「名教」，可知即在信奉新道家的士大夫中，也有重視群體秩序之人。西晉王朝代表世家大族執政，解決了政治方面「名教」與「自然」的衝突，使士的群體在司馬氏政權下取得其所需要的政治秩序——君主「無為」而門第則「各任其自為」。但個體自由的問題卻仍未解決，東晉至南朝的社會繼續受到個體自由（如「任情」、「適性」）的衝擊。所以東晉南朝的「自然」與「名教」之爭以「情」與「禮」之爭的面目出現；「緣情制禮」是思想界爭論的焦點所在。這一階段的爭論要等待新「禮學」的建立才告終結，那已是五世紀的事了。

三、回向三代與同治天下

唐、宋之際是中國史上第三個全面變動的大時代。這一點已取得史學界的共識，無論在中國、日本或西方，「唐、宋變革論」都是一個討論得很熱烈的題目，我已不必多說了。下面我只講與思想史有密切關聯的一些歷史變動，而且限於我研究過的範圍。

我最早論及唐、宋精神世界的變遷是從慧能的新禪宗開始的。當時我的重點是宗教理論，即追溯新禪宗的「入世轉向」怎樣引導出宋代「道學」（或「理學」）所代表的新儒學（Neo-Confucian）倫理。這些研究構成了《中國近世宗教倫理與商人精神》（一九八七）的上篇和中篇。後來又用英文寫了一篇綱要，題目是〈唐宋轉變中的思想突破〉。[3]

3 "Intellectual Breakthroughs in the Tang-Sung Transition"，收在 Willard J. Peterson, Andrew H. Plaks, Ying-Shih Yu, eds, *The Power of Culture: Studies in Chinese Cultural History*（Hong Kong: The Chinese University Press, 1994）.

這些早期研究屬於概論性質，又局限在宗教理論方面，對於唐、宋之際思想動態的政治、文化、社會背景則無法涉及。直到一九九八年開始構想《朱熹的歷史世界》，我才把這一段歷史整理出一個頭緒來。在以後三、四年的撰寫過程中，我徹底檢查了一切相關史料，一方面不斷修正我的最初構想，另一方面也逐漸建立起一個比較心安理得的解釋系統。這部書分上、下兩冊；下冊的「專論」以朱熹為中心，但上冊的「緒說」和「通論」則以唐、宋之間的文化大變動為主題。由於內容十分繁複，這裡只能略談兩條主線：一是「士」的政治地位，一是道學的基本性質。

「士」在宋代取得空前未有的政治地位正是唐、宋之間一系列變動的結果。

第一，唐末五代以來，藩鎮勢力割據地方，武人橫行中國。所以五代最後一位皇帝周世宗已感到必須制裁武將的跋扈，因此開始「延儒學文章之士」講求文治。宋太祖繼周而起，更是有計畫地「偃武修文」。「士」在政治上的重要性也愈來愈高。

第二，六朝、隋、唐的門第傳統至五代已差不多完全斷絕了。宋代的「士」絕大多數都從「四民」中產生，一〇六九年蘇轍說：「凡今農、工、商賈之家，未有不捨其舊而為士者也。」這條鐵證足以說明宋代「士」即從「民」來，而且人數激增。

第三，「民」變成「士」的關鍵在科舉考試，而宋代制度則是重新創建的，與唐代科舉仍受門第的控制不同。五代科舉則在武人手中，考試由兵部執行。周世宗才開始重視進士，考試嚴格，中進士後如才學不稱，還會斥退。宋代重建科舉，考卷是「糊名」的，極難作弊，進士人數則大增，唐代每科不到二、三十人，五代甚至只有五、六名，宋代則每科增至數百名。宋代朝廷對進士又特別尊重，故有「焚香禮進士」之說。「民」成「進士」之後自然會發展出對國家的認同感和責任感。這是宋代出現「士以天下為己任」意識的主要原因。換句話說，他們已自認為是政治主體，不僅是文化主體或道德主體而已。

宋代儒學一開始便提出「回向三代」，即重建政治秩序。這不但與朝廷的意圖相合，而且也是一般人民的願望。唐末五代的縣令多出身武人，不關心老百姓生活，地方吏治壞得不能再壞了。所以老百姓希望由讀書知理的士人來治理地方。他們第一次看到宋代重開科舉，參加考試的士人紛紛出現在道路上，都非常興奮，父老指著他們說：「此曹出，天下太平矣。」

我們必須認識這一背景，然後才懂得為什麼宋代儒學復興的重點放在「治道」上面，這也是孔子的原意，即變「天下無道」為「天下有道」。「回向三代」便是強調政治秩序（「治道」）是第一優先。慶曆和熙寧變法是把「治道」從理論推到實踐。張載、程顥最初都參加了王安石的變法運動。張載說「道學與政事」不可分開，程頤也認為「以道學輔人主」是最大的光榮。不但儒學如此，佛教徒也同樣推動儒學的政治革新，他們認為政治秩序如果不重建，佛教也不可能有發展的前途。《中庸》和《大學》同樣是佛教高僧如智圓、契嵩等所推崇。因此佛教在宋代的「入世轉向」首先也集中在「治道」。

宋代「士」以政治主體自居，他們雖然都寄望於「得君行道」，但卻並不承認自己只是皇帝的「工具」，而要求與皇帝「同治天下」。最後的權源雖在皇帝手上，但「治天下」之「權」並非皇帝所能獨占，而是與「士」共同享有的。他們理想中的「君」是「無為」得虛名，實際政權則應由懂得「道」的士來運用。在這一心態下，所謂「道學」（或「理學」），第一重點是放在變「天下無道」為「天下有道」。我在這本書「緒論」中有很長的專章分析「理學」與「政治文化」的關係。這是我對「道學」的新估價和新理解。

四、士商互動與覺民行道

最後，我斷定十六世紀——即王陽明（一四七二—一五二九）時代——是中國思想史上第四次重大的突破。關於這一突破的發現和清理，我先後經過兩個階段的研究才得到一個比較平衡的整體看法。

我最早注意到這一變動是從明代文集中發現了大量的商人墓誌銘、壽文之類的作品。我追溯這一現象的起源，大致起於十五世紀。這是唐、宋、元各朝文集中所看不到的，甚至明初（十四世紀）也找不到。最使我驚異的是王陽明文集中不但有一篇專為商人寫的「墓表」，而且其中竟有「四民異業而同道」的一句話。這是儒家正式承認商業活動也應該包括在「道」之中了。商人在中國史上一直很活躍，如春秋、戰國、東漢、宋代等等。明代的新安、山西商人更是現代中日學人研究得很精到的一個領域。但是我的重點不是商業或市場本身，而是十六世紀以來商人對於儒家社會、經濟、倫理思想的重大影響。通過對於「棄儒就賈」的社會動態的分析，我從多方面論證了明、清士商互動的曲折歷程。我在第一階段的研究的主要成果見於《中國近世宗教倫理與商人精神》（一九八七）下篇和〈現代儒學的回顧與展望〉（一九九五）。這兩篇作品都已有日譯本，我便不多說了。（〈現代儒學的回顧與展望〉的日文本見《中國——社會と文化》第十號）

但是在寫〈現代儒學的回顧與展望〉一文時，我已感到我的研究在深度與廣度兩方面都必須加強。就深度而言，我覺得僅僅發掘出士商互動以至合流是不夠的，僅僅指出商人對儒學有真實的興趣也是不夠的。因為這些還屬於表象，更重要的是我們必須進一步探討商人怎樣建立了他們自己的價值世界？他們的新價值對儒家的社會、倫理等各個方面的觀念又發生了怎樣的影響？就廣度而言，我則認為士商互動主要是文化、社會、經濟三大領域中的變化。但明代的政治生態與這三個領域是息息相關的，因此也必須作深一層的研究，否則這次「突破」的歷史背景仍不能整體地呈現出來。根據這一構想，我又重新搜集了文集、筆記、小說（如新發現的《型世言》）、碑刻、商業書（如《客商一覽醒謎》、《士商類要》等）中的有關資料，寫成〈士商互動與儒學轉向〉一篇長文（一九九八），作為《商人精神》的續篇。經過這一次的探討，我得到了一些新的論斷。其中包括：一、商人已肯定自己的社會價值不在「士」或「儒」之下，當時人竟說：「賈故自足而，何儒為？」這就表現商人已滿足於自己的事業，不必非讀書入仕不可。二、十六世紀以下儒家新社會經濟觀念（如「公私」、「義利」、「奢儉」等）發生了很重要的變動，現在我可以進一步肯定：這些變化和商人的新意識形態（ideology）是分不開的。三、明代專制皇權對商人的壓迫是很嚴重的，由於士商之間的界線越來越混而難分，我們往往看到「士」階層的人起而與商人聯手，對皇權作有力的抗爭。這也是促成思想「突破」的一股重要力量。

〈士商互動與儒學轉向〉的專論寫成以後，我立即投入朱熹和宋代政治文化的研究計畫。隨著研究的逐步深入，我終於發現：宋、明兩代理學之間的斷裂遠過於延續，其中最重大的一個差異必須從政治生態與政治文化方面觀察，才能獲得理解。大致上說，宋代皇權是特別尊重「士」的，如北宋仁宗、神宗以及南宋孝宗都有意支持儒家革新派進行政治改革，變「天下無道」為「天下有道」。因此宋代的「士」一般都抱有「得君行道」的期待；從范仲淹、王安石、張載、二程到朱熹、張栻、陸九淵、葉適等無不如此。他們的理想是從朝廷發起改革，然後從上而下地推行到全國。但明代自太祖開始，便對「士」抱著很深的敵視態度。太祖雖深知「治天下」不能不依靠「士」階層的支持，但絕不承認「士」為政治主體，更不肯接受儒家理論對君權的約束（如孟子「民為貴，社稷次之，君為輕」之說）。宋代相權至少在理論上是由「士」的群體所掌握的，所以程頤說「天下治亂繫宰相」。明太祖洪武十三年（一三八〇）廢除相職，從此「士」在朝廷上便失去了一個權力的凝聚點，即使僅僅是象徵性的。代宰相而起的內閣大學士不過是皇帝的私人秘書而已。黃宗羲說：「有明之無善治，自高皇帝廢丞相始也」，正是從「士」的立場上所發出的評論。再加上太祖又建立了「廷杖之刑」，朝臣隨時可受捶撻之辱，以致死在杖下。在這樣的政治生態下，明代的「士」已不可能繼承宋儒「得君行道」的志向了。所以初期理學家中如吳與弼（一三九二—一四六九）及其弟子胡居仁（一四三四—一四八四）、陳獻章（一四二八—一五〇〇）等都偏重於個人精神修養，視出仕為畏途；他們只能遵守孟子遺教的上半段——「獨善其身」，卻無法奉行下半段——「兼善天下」。

二〇〇四年我又寫了一篇專論，題目是〈明代理學與政治文化發微〉（即《宋明理學與政治文化》的第六章）。在這篇長文中，我從政治文化的觀點重新檢討了王陽明「致良知」之教在思想史上的功能與意義。肯定陽明學是理學史上的一大突破，這是很多人都會同意的。但我則進一步論證「致良知」之教是十六世紀整體思想突破的一個重要環節，其重要性不限於理學一領域之內。陽明早年仍未脫宋儒「得君行道」的意識，但一五〇六年他以上封事而受廷杖，兩年後放逐至龍場而中夜頓悟，從此便完全拋棄了「得君行道」的幻想。然而與明代初期理學家不同，他仍然堅持變「天下無道」為「天下有道」的理想。不再寄望於皇帝，斷絕了從朝廷發動政治改革的舊路之後，他有什麼方法可以把「道」推行到「天下」呢？他的「致良知」之教的劃時代重要性便在這裡顯現出來了。在反覆研究之後，可以很肯定地說，龍場頓悟的最大收穫是他找到了「行道」的新路線。他決定向社會投訴，對下層老百姓說法，掀起一個由下而上的社會改造的大運動。所以在頓悟之後，他向龍場「中土亡命之流」宣說「知行合一」的道理，立即得到積極的回應。後來和「士大夫」討論，卻反而格格不入。最後他的學說歸宿於「良知」兩字，正是因為他深信人人都有「良知」（俗語「良心」），都有「即知即行」的能力。「致良知」之教以喚醒社會大眾的良知為主要的任務，所以我稱之為「覺民行道」。他離開龍場以後便實踐頓悟後的理論，時時把「覺民」放在心上。一五一〇年他任廬陵縣知縣，「惟以開導人心為本」，後來又訓誡門人：「須作個愚夫愚婦，方可與人講學。」他自己甚至和一個沒有受過多少教育的聾啞人進行筆談，用的全是民間語言。陽明死後，「覺民行道」的理想終於在王艮的泰州學派手上，得到最大限度的發揮而「風行天下」。詳細的情形這裡不能多說了。

「覺民行道」是十六世紀以來文化、社會大變動的一個有機部分，其源頭則在於因市場旺盛而捲起的士商合流。與「覺民行道」運動同時的還有小說與戲文的流行、民間新宗教的創立、印刷市場的擴大、宗族組織的加強，鄉約制度的再興等等，所有這些活動都是士商互動的結果。「士」的社會身分的變化為十六世紀思想大「突破」提供了主要動力，這是十分明顯的事實。

（原載《思想》第八期，二〇〇八年一月）

中國史研究的自我反思

我選擇中國史為專業並開始系統的研究，到今天已超過六十年了。這六十年恰好是中國史研究的基本預設（fundamental assumptions），經歷著重大轉變的階段。因此我必須以這一轉變為背景，對我自己先後的研究動向進行反思，因為兩者是分不開的。

自清末以來（即二十世紀之始），通過日本的中介，中國史學家開始接觸到現代西方的史學，並且一見鍾情。在這一點上，梁啟超為我們提供了一個最生動的例證。他的〈中國史序論〉（一九〇一）和〈新史學〉（一九〇二）兩文是最早的發難之作，借西方為他山之石對中國傳統史學痛下鍼砭。他不滿意中國舊史

「知有朝廷而不知有國家」、「知有個人而不知有群體」，因此反對以朝代劃分時代，而主張採用西方「上世」、「中世」、「近世」（後來通用「上古」、「中古」、「近代」）的分期。他所提出的中國史分期發生了很大的影響，一直到今天還有人應用，即一、「上世史：自黃帝以迄秦之一統（公元前二二一）」；二、「中世史：自秦一統後至清代乾隆之末（一七九五）」；三、「近世史：自乾隆末年以至今日」。其中「中世史」長至兩千年後來幾乎已取得「定論」的地位。梁啟超當時作此斷定是因為他把這兩千年看作「君主專制」的全盛期，「歷久而無大異動」。但一九三〇年代以後，馮友蘭的《中國哲學史》則將這兩千年稱作「經學時代」，即相當於西方中古的「經院哲學」（scholasticism）。張蔭麟評馮書更加以附和，斷言中國在哲學上缺少一個「近代」階段，中國馬克思主義者依據史達林（Joseph Stalin）欽定的社會發展「五階段論」，也將同一個兩千年劃作「封建時代」。所以在很長一段時期中，「中古兩千年」似乎已成為中國歷史的一個最主要特徵。

〈新史學〉一文清楚地顯示出，梁氏已接受達爾文進化論為歷史進化的基本模式。他說：「歷史者敘述人群進化之現象而求得其公理公例者也」，這句話表示他相信人的世界和自然世界一樣，也是受客觀規律支配的，所以史學的主要任務便是怎樣去探索並建立「歷史規律」（historical laws）。由此可知，他所嚮往的「新史學」其實便是當時在西方風行的「科學的史學」（scientific history），受到牛頓（Isaac Newton, 1642-1727）科學革命的啟發，早在十八世紀便有人主張用牛頓的方法來研究人文和社會現象，但到十九世紀才發展成一種極其普遍的信仰，如孔德（Auguste Comte, 1798-1857）、馬克思（Karl Marx, 1818-1883）、史賓塞（Herbert Spencer, 1820-1903）等都是有力的推動者，而馬克思對史學的影響尤其巨大。

「五四」運動以後，不同版本的「科學的史學」在中國史學界占據了主流的地位。這裡姑舉兩個例子：第一、歷史語言研究所創始人傅斯年先生倡導的「科學的史學」基本上取法於德國蘭克（Leopold von Ranke, 1795-1886）的模式，其中有三個要素，即一、盡量占有原始史料；二、對史料採取最嚴格的批評態度；三、運用語言訓詁的方法（philological method）於史學研究和教學。當時和後世史家認為這是和科學家在實驗室中取得實物證據的精神相一致的，所以稱之為「科學的史學」。傅先生認為蘭克氏的史學和清代考證學極為相近而更有系統，因此取之不疑。但他同時又強調：史學的建設最後應該達到和生物學、地質學同樣的科學高度，這就透露出：他也假定歷史現象中存在著客觀的「規律」（或「公理公例」），可以通過大量的具體研究而發現。這是史學最後成為一門「科學」的根本保證。不過他對此隱而不發，先從實際研究著手；在他領導下，這一派在中國現代史學領域內的成績是有目共睹的。第二，另一影響很大的「科學的歷史」版本是由中國馬克思派提供的。我們都知道，馬克思主義的核心（core）是唯物史觀（the materialism conception of history），其大致內涵久已家喻戶曉，毋須詳說。這裡我祇想指出：後世信徒多相信馬克思已發現了「歷史發展的基本規律，因而將史學變成了一門不折不扣的『科學』」。

一九四九年以後，唯物史觀遭受了高度的教條化和庸俗化，並在中國取得了「定於一尊」的地位，對於中國史學造成很大的損失。但這不是我現在要討論的問題，一筆表過不提。我要說的乃是一個無可否認的事實，即馬克思的一些重要歷史觀念，自一九二〇年代傳入中國之後，對於一般史學產生了深遠的影響，在很大程度上改變了中國史學研究的方向。英國馬克思主義史學名家霍布斯邦（Eric Hobsbawm, 1917-2003）曾跳出意識形態之外，追溯了馬克思對於歐洲近幾十年來歷史研究的導向作用，相當客觀可信。據他的觀察，馬克思的史學思維逐漸和史學打成一片，最後已不能也不必再在馬克思派和非馬克思派之間分辨異同了。[1]我覺得同樣的情形也出現在上世紀三〇年代的中國，例如社會史、經濟史的興起（如陶希聖先生的《食貨》所代表的）以及中國社會史分期的爭論等等，既起源於馬克思主義，但很快便變成中國史學領域中的一般問題了。如果作深一層的探索，我們有充分的史料可以將馬克思主義的史學觀點與中國一般史學的融合過程追溯出來，例如夏鼐（一九一〇—一九八五），他在清華大學歷史系讀書的經歷便提供了不少線索。[2]

以上兩種不同版本的「科學的史學」是我早年研究中國史的思想背景，我並沒有盲從其中任何一個版本，因為我既不敢貿然相信「史學」可以成為「生物學」、「地質學」一樣的「科學」，更不敢斷定究竟有沒有什麼「歷史規律」。

1 參見 Eric Hobsbawn, *On History*（London: Abacus, 1998）一書之第十、第十一章。

2 參見夏鼐，《夏鼐日記》（上海：華東師範大學出版社，二〇一一），卷一，一九三一—一九三四年。

但是這兩大史學流派在研究取向方面卻各有所長：第一，傅先生一派對於史料和證據的處理方式事實上是將蘭克的方法和清代考證學加以融會貫通，是現代史學研究所必須具備的。第二、馬克思派的特殊歷史理論（唯物史觀）在一九四九年以前並未獲得多數中國史學家的認同，但是它的宏觀取向則很受重視。所謂宏觀取向指超越出個人活動和個別事件而發掘歷史上的大動向，由於這類大動向往往涉及社會的整體，因此研究無法局限於某一部分（如政治），有時不能不循著史料的引伸而擴展到其他部分（如社會、經濟或思想）。

由於深受以上兩大史學流派的影響，我自始便決定以精密的考證方法和宏觀概括互相制衡並互相支援，我早期專題研究如〈東漢政權之建立與士族大姓之關係〉和《漢代貿易與擴張》都受到馬克思派的啟蒙，但並未接受唯物史觀；我也遵守嚴格的考證方法，但完全沒有考慮到以生物學、地質學為史學的範式。

我自始即最感興趣的問題是怎樣通過歷史來認識中、西文化的異同。中、西異同是清末以來中國知識人共同關懷的大問題，至今仍在爭論中；我一直相信，祇有歷史研究才是尋求解答的可靠途徑。但是在「科學的史學」這一預設之下，我在這一領域的工作遇到很大的困難，為什麼呢？如果歷史和自然界一樣，受著客觀規律的支配，那麼「歷史規律」也必然和物理規律一樣，是「放之四海而皆準，俟之百世而不惑」的。事實上，如前面所指出的，從梁啟超的「上世、中世、近世」，馮友蘭的中國「哲學」尚未進入「近代」，到馬克思派的歷史分期，無不假定西方與中國循著同一歷史規律而演進，但中國卻遠遠落在西方的後面。在這一假定之下，中西文化的本質差異祇存在於「先進」（西）和「落後」（中）之間。至於其他差異則是次要的，不過是表現方式和風格的不同而已。應該指出，這裡也流露出西方中心論的意識：歷史規律雖普遍有效，但在西方卻獲得了最順利的發展因而構成了典型，足為其他文化範式。這是為什麼「五四」以來中國知識人中頗多相信現代的西方為中國的前景提供了發展的樣本。（一九四九年以後一度盛行「蘇聯的今天便是中國的明天」之說，其實也是一種變相的西方中心論。）

以上我大致交代了「科學的史學」的預設為什麼嚴重地限制了中、西文化異同的探討。接著我要談一談這一預設的衰落及其所帶來的解放作用。

首先必須指出，將史學發展成物理、化學、生物一類的「科學」，這一想法開始便有人反對，而且在實踐中多數史學家也做不到。不過在理論上「科學的史學」的號召力非常大，因此在很長時期內似乎占據了主流的地位，反對者雖不接受，卻也無可奈何。大概從上世紀五、六〇年代起，這一預設才越來越受到嚴重的挑戰，關鍵發生在「歷史規律」上面。出乎意外的是，使「歷史規律」開始破產的竟是湯因比（Arnold J. Toynbee, 1889-1975）而不是「科學的史學家」。湯氏主張「文明」才應該是史學研究的基本單位，他在世界史上選出了二十一個「文明」作為研究對象，最後變成了十三卷本的《歷史的研究》（*A Study of History*）。專從以「文明」為歷史研究的主體而言，我毋寧是十分歡迎這部巨著的，但問題出在他要在這部大規模的研究中尋出「文明」興起、發展和崩解的一般「規律」，這就掉進「科學的史學」陷阱之中了。當時（一九五〇到六〇年代）西方各國專業史家群起而攻之，每人都根據最可信的史實和史證加以反駁，結果是他的所謂「規律」沒有一條是站得住的。

另一方面，「科學的史學家」所強調的「規律」也同樣受到深入的質疑。評論這裡無法展開，讓我介紹一個比較重要的論點，即"generalization"（通貫性的概括）和"general laws"（通貫性的規律）不可混為一談。自然科學可以建立「通貫性的規律」，史學則祇能建立「通貫性的概括」。所謂「概括」，是指我們可以在歷史上發現一些整體的趨勢、動態、結構及其因果關係。但這一類的「概括」往往因地因時而異，在甲國如此，在乙國則未必如此；在甲時若是，在乙時又未必若是，因此和自然科學中普遍有效的「規律」截然有別。（至於科學中的「規律」因研究的不斷進步而不得不修正，則是另一回事。）「通貫性的概括」和「通貫性的規律」之間的分野劃定之後，史學是不是「科學」的問題便自然消解了。正如最近史學家所指出，到現在為止，還沒有任何人曾經成功地建立起一條「放之四海而皆準」的「歷史規律」。[3]

「科學的史學」預設退位以後，我探討中、西文化異同的問題便不再有理論上的障礙了。考古和史學都已充分證實，中國作為一個古老文明不但起源於本土，而且大體上是獨立發展起來的。從這一認識出發，我試著找出中國文化的特色並溯其源至「軸心突破」（Axial breakthrough）時期（即孔子出現的前夕）。

---

3 參看 Richard J. Evans, *In Defense of History* (New York: W. W. Norton & Co,. 1999), pp.46-53；Joyce Appleby, Lynn Hunt and Margaret Jacob, *Telling the Truth About History* (New York: W. W. Norton & Co., 1999), pp.168-169。

但文化特色必從比較中得來，中、西異同更離不開和西方相比較，因此在我的研究計畫中，比較中、西的文化和歷史是一個重要環節。這裡應該強調一下，「比較」必須盡量避免流為「比附」，尤其是「勉強的比附」（forced analogy），這是過去很常見的一種弊端，如前引梁啟超與馬克思派的歷史分期便是顯例。但深一層分析，這一弊端顯然是從西方中心論中衍生出來的。因為前已指出：在「科學的史學」預設之下，西方已成為「先進的典型」，中國史既循著同一「科學規律而演進」，則「比附」於「典型」是無可避免的。但在「科學的史學」破產之後，西方中心論已失去了存在的根據，「比附」便完全沒有必要了。由於以往幾十年中歷史分期的比附深入人心，至今仍時時流露在不少論者的筆下，因此我的研究重點之一是怎樣在中國史進程的內在脈絡中試求與事實相符而自然合理的時代劃分。我相信，不但中國文化自具特色，而且它的發展途徑也是獨特的。

我以中國史為專業，並特別注重中、西文化異同的問題，並不是單純地由於「發思古之幽情」。一九四六年回到城市讀書以後，我越來越親切地感受到置身歷史大變動之中。因此我讀中、西歷史都抱有一種迫切感，即希望從「古今之變」中瞭解我所處的「世變」究竟是怎樣造成的？我並不相信「鑑往」可以「知來」，但是我認為歷史研究和文化解析可以為我們打開認識「世變」的門戶。在一切「世變」之中，我們特別應當關注價值系統的變動，這是我近年來自我反思的啟悟之一。

時間不允許我多談我自己的研究工作，下面我只作三點簡單的反思：[4]

第一，關於「中國軸心突破文化特色」，是指德國哲學家雅斯貝爾斯（Karl Jaspers, 1883-1969）所提出的著名觀察。雅氏發現：古代幾個高度發展的文明，如以色列、希臘、印度、中國，都曾經歷了一場「軸心突破」，即文化精神上的大覺醒。每一文明的精神特色及其在歷史長程中所形成的文化傳統，便奠定於「軸心突破」的階段。雅氏雖是哲學家，但他的觀察是從歷史經驗中歸納得來，取得許多史學家、社會學家、宗教學家、哲學家的認可，今天差不多已得到普遍的接

4 在唐獎得獎人演講中，我對於六、七十年來研究中國史的曲折歷程進行了自我反思。限於時間，講詞結尾處所提出的三項論題，僅在臨場略作提示。事實上，其中每一論題都可以發揮成一篇專論，不可能在一場講演中作完整的交代，因此我現在仍然無法彌補這一缺憾。但是我願意在本文稍加說明，以便於讀者作進一步的探索。

受了。我研究中國的軸心突破，則斷定它出現在孔子的時代，詳見近著《論天人之際》。[5]

第二，關於「中國文化和思想史上轉變階段」，我在二〇〇七年十月六日曾在日本「中國學會」第五十九回大會上作了一次系統講演，題目是〈中國思想史研究經驗談〉（當時日譯本改作〈我與中國思想史研究〉）。在這篇講詞中，我把從軸心突破到王陽明時代劃分為四大階段，並闡明分期的歷史根據。現在這篇文字已收在我的《人文與民主》一書中，改題為〈中國思想史研究綜述——中國思想史上四次突破〉。[6]

第三，關於「現代中國和價值問題」，我的討論重點是：在西方文化的全面衝擊下，中國價值系統應該怎樣調整，以適應現代世界？一個文明的精神價值雖然奠定在它的軸心突破階段，但並不是長久不變的，在受到另一文明的直接衝擊時，變動往往是很大的。以色列宗教之於希臘、羅馬的古典文明，以及印度佛教之於中國漢、唐文明，都是顯例。自十九世紀末期以來，中國知識人便一直深困在西方價值之中：究竟應該全盤拒斥呢？全盤接受呢？還是有選擇地接受呢？如果有所選擇，去取的標準何在？更難解決的問題是：即使所選的是所謂「普世價值」，又如何保證它們必能為本土文化的生態和心態所容忍，而就地生根？所以我們探求必須從清末中國文化的實際狀態開始。一九九五年我寫了一篇長文，正題是〈現代儒學的回顧與展望〉，副題則作「從明、清思想基調的轉換看儒學的現代發展」，其中所分析和討論的便是這第三論題中種種相關的問題。[7]

（本文為「唐獎漢學獎」得獎人講詞，於二〇一四年九月十九日講於台北國際會議中心）

5 余英時，《論天人之際》（台北：聯經出版公司，二〇一四；北京：中華書局，二〇一四）。

6 余英時，《人文與民主》（台北：時報文化公司，二〇一〇）。

7 此文日譯本先刊於日本《中國：社會與文化》第十冊（一九九五年六月），頁一三五—一七九；中文本收入《現代儒學論》（上海：上海人民出版社，一九九八），頁一—五七。讀者如有興趣，可參看上列三篇拙作。

余英時文集20

我的治學經驗

2022年11月初版　　　　　定價：平裝新臺幣380元
精裝新臺幣580元

著者	余英時
總策劃	林載爵
總編輯	涂豐恩
副總編輯	陳逸華
特約編輯	吳浩宇
校對	吳美滿
內文排版	菩薩蠻
封面設計	莊謹銘

出版者	聯經出版事業股份有限公司
地址	新北市汐止區大同路一段369號1樓
叢書編輯電話	(02)86925588轉5319
台北聯經書房	台北市新生南路三段94號
電話	(02)23620308
台中辦事處	(04)22312023
台中電子信箱	e-mail：linking2@ms42.hinet.net
印刷者	世和印製企業有限公司
總經銷	聯合發行股份有限公司
發行所	新北市新店區寶橋路235巷6弄6號2樓
電話	(02)29178022

總經理	陳芝宇
社長	羅國俊
發行人	林載爵

行政院新聞局出版事業登記證局版臺業字第0130號

本書如有缺頁，破損，倒裝請寄回台北聯經書房更換。
聯經網址：www.linkingbooks.com.tw
電子信箱：linking@udngroup.com

ISBN 978-957-08-6583-7 (平裝)
ISBN 978-957-08-6584-4 (精裝)

國家圖書館出版品預行編目資料

我的治學經驗/余英時著．初版．新北市．聯經．2022年11月．
292面．14.8×21公分（余英時文集20）
ISBN 978-957-08-6583-7（平裝）
ISBN 978-957-08-6584-4（精裝）

1.CST：余英時 2.CST：學術思想 2.CST：文集

112.807 111015719